CHURCHILL: *Visionário. Estadista. Historiador.*

Obras de JONH LUKACS
publicadas por esta editora:

CINCO DIAS EM LONDRES
Negociações que mudaram
o rumo da II Guerra

O DUELO: CHURCHILL X HITLER
80 dias cruciais para a
Segunda Guerra Mundial

O HITLER DA HISTÓRIA

John Lukacs

CHURCHILL:
Visionário. Estadista. Historiador.

Tradução:
Claudia Martinelli Gama

Jorge Zahar Editor
Rio de Janeiro

Título original:
Churchill: Visionary. Statesman. Historian.

Tradução autorizada da primeira edição norte-americana
publicada em 2002 por Yale University Press,
de New Haven, EUA

Jorge Zahar Editor Ltda.
rua México 31 sobreloja
20031-144 Rio de Janeiro, RJ
tel.: (21) 2240-0226 / fax: (21) 2262-5123
e-mail: jze@zahar.com.br
site: www.zahar.com.br

Partes (reescritas) dos capítulos 3, 4, 7 e 8 foram publicadas em *The New Yorker* (1985), *The New York Times Book Review* (1991), *The Washington Post* (1993) e no *Spectator* de Londres (2001). O último capítulo aparece em *Destinations Past* (University of Missouri Press, 1994). Reimpressão autorizada.

Capa: Sérgio Campante
Ilustração: Winston Churchill à porta do Almirantado,
em Whitehall, 1939. © Hulton Archive, Getty Images

CIP-Brasil. Catalogação-na-fonte
Sindicato Nacional dos Editores de Livros, RJ.

Lukacs, John, 1924-

L98c Churchill: visionário, estadista, historiador / John Lukacs; tradução, Claudia Martinelli Gama. — Rio de Janeiro: Jorge Zahar Ed., 2002.

Tradução de: Churchill: visionary, statesman, historian
ISBN 85-7110-713-0

1. Churchill, Winston, Sir, 1874-1965. 2. Primeiros ministros — Grã-Bretanha — Biografia. 3. Historiadores — Grã-Bretanha — Biografia. 4. Grã-Bretanha — Política e governo — Século XX. I. Título.

CDD 923.241
03-0666 CDU 929CHURCHILL

Espero sinceramente que só leiam isto aqueles que de fato desejarem fazê-lo.

Última frase do prefácio a *The Groombridge Diary*

Para M. S.

Sumário

Prefácio

Nestes primeiros anos do século XXI, a reputação de Winston Churchill está em alta conta. Não sei efetivamente explicar por quê. Afinal, já se passaram quase quarenta anos desde a sua morte e quase cinqüenta anos desde o fim da sua carreira pública. Evidentemente a sua imagem se beneficiou vista em perspectiva: Churchill se agiganta em contraste com as muitas mediocridades que, desde a sua época, ocuparam a cena da política mundial ou por ela passaram efemeramente. Penso às vezes que existe um outro elemento. Mais de uma década após o colapso da União Soviética, podemos ver que, entre os dois colossais adversários do Ocidente durante o século XX, a União Soviética era mais fraca e o Terceiro Reich de Hitler era mais forte do que as pessoas costumavam pensar; e não foi Churchill quem, nos momentos mais dramáticos da Segunda Guerra Mundial, fez frente a um Hitler que chegara muito perto de vencê-la? (Mas, por outro lado, tal perspectiva só ocorreria àqueles que sobreviveram à guerra ou que refletiram muito a esse respeito...) De qualquer modo, mostras recentes de admiração por Churchill são com freqüência surpreendentes. Depois que alguns árabes fanáticos lançaram aviões seqüestrados contra as torres de Nova York, algumas pessoas evocaram o nome e a coragem de Churchill durante a Blitz — mas a Blitz foi algo inteiramente diferente. Tenho achado curiosas tanto quanto irritantes as recentes apresentações de oradores em diversas reuniões da Sociedade Churchill, pessoas que não faz muitos anos o depreciaram na imprensa e, igualmente, uma ou duas que, em 1940, haviam sido opositoras inflexíveis a qualquer tipo de ajuda americana à Grã-Bretanha, especialmente a uma Grã-Bretanha guiada por Churchill, o fomentador de guerras. *Houve* uma interrupção na bibliografia a seu respeito durante a década de 1980, em cujo final foram publicadas as primeiras críticas maciças a Churchill feitas por alguns historiadores, mas a maré do seu renome subiu novamente. Ainda no ano passado foram lançadas duas importantes biografias de Churchill (ver o capítulo 8). Em janeiro de 2001, igualmente, uma conferência no Instituto de Pesquisa Histórica, na Universidade de Londres, foi intitulada "Churchill no século XXI"; os textos das comunicações foram publicados em *Ata da Real Sociedade Histórica*, série 6, vol. XI, no final do ano. Talvez seja significativo que, dentre os quinze estudiosos e personalidades públicas que participaram, somente um historiador fez críticas severas a Churchill. (As críticas de outro foram mais ponderadas. As referências a ambos podem ser encontradas nos capítulos 3 e 7.)

Os historiadores agora têm à sua disposição os vastos e esplendidamente catalogados Arquivos Churchill, em Cambridge (abrigados em um enorme edifício moderno de espantosa feiúra, infelizmente). Mas a amplitude dos dados relativos a Churchill é enorme, muito além desse valioso conjunto. Eu também fui beneficiado pelo interesse recente por Churchill: dois livros meus, um publicado no início e o outro no fim da década de 1990, reconstituições de Churchill durante os meses e dias mais perigosos e cruciais de 1940, receberam críticas favoráveis e, surpreendentemente, atraíram muitos compradores e leitores, não só nos países anglófonos como também em outros lugares. Este pequeno volume não é uma biografia nem um ensaio erudito sobre a vida de Churchill, embora se baseie em estudos e leituras que tenho feito por toda a minha vida. Seu conteúdo pode esclarecer alguns aspectos de Churchill pouco conhecidos ou valorizados e sugerir alguns tópicos que ainda não foram totalmente explorados, mesmo na extensa bibliografia a seu respeito. Assim, algumas dessas perspectivas (ou argumentações) incluem sugestões para pesquisa adicional. Outra limitação é a minha ênfase freqüente no papel de Churchill durante a Segunda

Guerra Mundial e posteriormente. Mas naturalmente 1940 foi a grande linha divisória na sua carreira. Antes de 1940, ele experimentou muitos fracassos, cometeu muitos erros. Em 1940, ele foi o homem que não perdeu a Segunda Guerra Mundial. Isso me inspirou na época; e ainda me inspira atualmente. Em um ensaio sobre Churchill como historiador (ver o capítulo 6), J.C. Plumb escreveu que "o passado em que [Churchill] acreditava" se perdeu. "O que deu a Churchill a confiança, a coragem, a fé ardente de que sua causa era justa — a sua profunda percepção do prodigioso passado inglês — se perdeu." Eu sei o que Plumb queria dizer. Ainda assim... não acredito *totalmente* nisso.

2001-2002

1

Churchill, o visionário

Uma das singularidades da língua inglesa — e das sensibilidades da mente inglesa — é que, enquanto a palavra *visão* é elogiosa, sugerindo um atributo positivo, *visionário* pode ter um sentido dúbio, como de fato ocorre com freqüência. Naturalmente, há diversos sentidos dessas palavras no *Dicionário Oxford*, mas eis aqui os principais. *Visão:* "Algo que é aparentemente visto de maneira diferente da faculdade visual comum" ou "Um conceito mental de uma espécie distinta e intensa: um projeto ou expectativa altamente imaginativos". Já *visionário:* "Propenso a opiniões fantasiosas e impraticáveis; especulativo, devaneador", ou "Que só existe na imaginação; ilusório ou irreal", ou "Aquele que alimenta idéias ou projetos fantásticos; um entusiasta inepto". Este último sentido pejorativo, segundo o *Dicionário Oxford*, surge no inglês em 1702. Duzentos e vinte e cinco anos depois, era assim que os adversários ingleses de Winston Churchill — e também muitos outros — o consideravam. Mas eu aqui não estou interessado nos adversários e críticos de Churchill. O meu objetivo neste capítulo é diferente. É sustentar que *visionário* pode ser, de forma apropriada e, assim espero, convincente, aplicável a Churchill em um sentido positivo.

Ele era extraordinário — muito bem, mas não é só isso. Não havia nenhuma outra pessoa que pudesse ter feito o que ele fez em 1940. Esta é uma questão que, após mais de sessenta anos, devemos encarar de forma um tanto diferente de como a encaramos durante muito tempo. Em 1940 Churchill, sozinho, postou-se no caminho da vitória de Hitler. Não só os americanos — que, justificadamente, associam o início da sua Segunda Guerra Mundial a dezembro de 1941 — mas muitas outras pessoas, inclusive historiadores sérios e biógrafos de Hitler, tendem a considerar que a ruína do Führer foi uma guerra que ele iniciou e em que ele e o seu Terceiro Reich seriam esmagados pela força unida da Grã-Bretanha, dos Estados Unidos e da União Soviética. Mas o que poucos compreendem é como Hitler chegou perto de vencer a sua guerra no começo do verão de 1940 e bem antes da Batalha da Inglaterra. Ele teria vencido a guerra se houvesse mandado um pequeno exército alemão desembarcar na Inglaterra em junho ou julho — essa possibilidade foi reconhecida por alguns historiadores militares, na maioria britânicos. Mas isso é uma especulação. O que não é uma especulação é o que Churchill, em 27 de maio de 1940, nas sessões secretas do Gabinete de Guerra, chamou de "a ladeira escorregadia". Se um governo britânico houvesse então demonstrado mesmo uma inclinação cautelosa para examinar uma negociação com Hitler, o que equivaleria a uma disposição para averiguar as suas possíveis condições, isso teria sido o primeiro passo em uma Ladeira Escorregadia sem volta. Alguns não concordavam inteiramente com Churchill a esse respeito: fora do sigilo da sala do Gabinete de Guerra, havia muitos do Partido Conservador; e talvez houvesse a maioria dos representantes eleitos do povo britânico, do Partido Conservador; e havia pelo menos a potencialidade de que, em circunstâncias diferentes, os homens e mulheres da Grã-Bretanha pudessem haver concordado com esse procedimento, pelo menos aparentemente, razoável e prudente. Mas Churchill não esmoreceu e impôs a sua vontade. Esse foi o principal momento de decisão — um momento de decisão mais do que um marco — na sua carreira. Talvez tenha sido o principal momento de decisão na história da Segunda Guerra Mundial. Durante os meses subseqüentes, Churchill e a Grã-Bretanha desafiaram o Terceiro Reich de Hitler praticamente sozinhos. Posteriormente, ele já não estava sozinho. Ele e a sua Grã-Bretanha não poderiam derrotar Hitler sem ajuda. Mas, enquanto Churchill governou a Grã-Bretanha, Hitler não conseguiu vencer a sua guerra.

Provavelmente essa foi a razão por que o ódio de Hitler contra Churchill queimou com tanto ardor até o fim. Hitler respeitava e até admirava Stálin; referia-se com desdém a Roosevelt; mas seu ódio por Churchill se inflamava em sua mente acima dos outros.

Mas a valentia e a firmeza que Churchill demonstrou naquela época eram inseparáveis de determinados elementos da sua capacidade de visão. Podem-se identificar elementos visionários também em outros momentos da sua carreira. Alguns podem ser mais óbvios do que outros. Já em 1901 ele disse no Parlamento: "A democracia é mais retaliativa do que os Gabinetes. As guerras dos povos serão mais terríveis do que as dos reis." (Note-se que ele afirmou isso em uma época em que os prognósticos sobre a inviabilidade de grandes guerras futuras eram usuais entre muitos pensadores políticos.) Ainda mais assombroso — e desalentador — é o que o jovem Churchill escreveu no vigésimo quinto ano da sua vida, em *A guerra fluvial*: "Espero que, se dias funestos sobreviessem ao nosso país e o último exército que um Império em colapso pudesse interpor entre Londres e o invasor se estivesse decompondo entre debandadas e destroços, haveria alguns — mesmo nestes tempos modernos — que não desejariam acostumar-se à nova ordem das coisas e docilmente sobreviver à desgraça."* Agora uma última olhada no significado da palavra *visionário*. Em todos os sentidos — quer positivos quer negativos —, a palavra sugere previdência. E a previdência pode ser negativa assim como positiva, excessiva assim como inadequada — observe-se este provérbio caracteristicamente britânico: "Atravessaremos aquela ponte quando a ela chegarmos." Essa advertência evoca o pragmatismo do bom senso, mas pode também levar a uma relutância em pensar demais ou com demasiada rapidez. Apenas alguns anos antes de 1940, o primeiro-ministro Stanley Baldwin, predecessor de Churchill, teria supostamente dito: "O homem que afirma poder ver muito adiante é um charlatão." (Ele não se referia a Churchill.) Como escreveu Robert Rhodes James: "A previdência em política é rara e, em geral, é uma questão mais de

* Citado por Maurice Ashley, *Churchill as Historian*. Nova York, 1968, p.49.

acaso do que de gênio."* Talvez, mas, seja como for, as previdências de Churchill foram mais históricas do que políticas. Impetuosidade, impaciência, obstinação, excentricidade foram, muitas vezes, falhas de Churchill. Imprevidência? Não. Relutância em pensar? Raramente, talvez nunca. Ele possuía uma mente extraordinariamente ágil e essas peculiaridades eram não só inseparáveis do seu temperamento e caráter, como também inseparáveis da capacidade visionária da sua mente.

Um exemplo disso foi a sua avaliação visionária de Hitler e do Terceiro Reich. Foi um trunfo importante que, durante os cruciais meses do verão de 1940, Churchill compreendesse Hitler melhor do que Hitler o compreendia. (Observe-se também que esse tipo de compreensão humana inteligente naquele momento quase nada tinha a ver com a posteriormente tão exaltada interceptação e decifração, pelo serviço de inteligência britânico, dos sinais e códigos alemães.) A luta entre Churchill e Hitler durante aqueles meses foi um autêntico duelo — o título que escolhi para o meu livro sobre aqueles oitenta dias, descrevendo os movimentos recíprocos dos dois líderes, dentre outras coisas. Ali, porém, não estava envolvido somente o fato de um estrategista superar o outro. Um mestre de xadrez é um calculista esplêndido, talvez mesmo um estrategista. Mas ele não é um visionário. No entanto, a compreensão do seu grande adversário por parte de Churchill continha insights que poderiam ser adequadamente reconhecidos como visionários.

Ele — melhor do que os franceses, cuja opinião sobre a Alemanha após 1918 era uma combinação de miopia e medo, e o medo não proporciona uma visão nítida — anteviu a ascensão de uma Alemanha vingativa já em 1924: "Os enormes contingentes de jovens alemães que, a cada ano, atingem a idade militar estão inspirados pelos sentimentos mais impetuosos, e a alma da Alemanha arde com sonhos de uma guerra de libertação ou vingança." Churchill enxergou muito além das agitações da Berlim cosmopolita ou da-

---

* Robert Rhodes James, *Churchill: A Study in Failure, 1900-1939.* Nova York, 1971, p.381.

quelas do parlamento da República de Weimar. Ele divisou outra agitação, a dos então ainda pequenos grupos de tropas de assalto, que marchavam pelas cidades alemãs ou batiam ruidosamente as canecas de cerveja nos salões bávaros. Em outubro de 1930, Churchill jantou na embaixada alemã, em Londres. À mesa, ele disse que estava apreensivo em relação a Hitler. O conselheiro da embaixada, um descendente de Bismarck, considerou as palavras de Churchill significativas o bastante para relatá-las a Berlim. Elas podem ser encontradas na coleção de documentos diplomáticos alemães. Observe-se que isso ocorreu em 1930, época em que ninguém — sem dúvida ninguém na Inglaterra, mas igualmente ninguém na Alemanha, com a exceção talvez do próprio Hitler — imaginava que Hitler pudesse, um dia, tornar-se o chanceler e líder da nação alemã. Em julho de 1932, Churchill escreveu que Hitler era "a mola propulsora sob o governo alemão e, em breve, poderia ser mais que isso". Assim viria a ser.

Porém ainda mais visionário foi o que Churchill escreveu sobre Hitler e a Alemanha no início de 1935.* Quando a Alemanha havia sido derrotada, aniquilada, nos estertores da revolução, desarmada, "então [em 1919] foi que um cabo, um ex-pintor de casas,** dedicou-se a recuperar tudo".

> Nos quinze anos que se seguiram a essa resolução, ele conseguiu recolocar a Alemanha na posição mais poderosa na Europa, e não só restabeleceu a posição do seu país, como até, em grande medida, inverteu os resultados da Grande Guerra. ... [Agora] os vencidos estão em vias de se tornar os vencedores e os vencedores, os vencidos. Quando Hitler começou, a Alemanha jazia prostrada aos pés dos Aliados. Ele talvez ainda veja o dia em que o que resta da Europa estará prostrado aos pés da Alemanha. Independente do que mais se possa pensar sobre essas proezas, elas estão seguramente dentre as mais notáveis em toda a história do mundo.

---

* Ao menos há uma indicação de que Churchill escreveu isso ainda em 1934. Reproduzido em *Great Contemporaries*. Londres, 1937, p.262.

** Hitler pintou quadros de casas, mas não pintava as casas em si.

Independente do que mais se possa pensar sobre essas palavras, elas estão seguramente dentre as mais notáveis — e exatas — previsões na história das origens da Segunda Guerra Mundial. E no início de 1935, quando Churchill estava inteiramente só. Ninguém mais enxergava tal perspectiva, nem mesmo os oponentes mais pessimistas de Hitler. Mas Churchill nunca subestimou Hitler.

Posteriormente, durante o final da década de 1930, temos uma longa série de comentários de Churchill a respeito de Hitler, alguns bem conhecidos. Alguns são mais pertinentes do que outros, mas eles são sempre interessantes e expressivos. Permitam-me, porém, saltar adiante e mencionar um outro exemplo que há muito tempo me fascina. É um breve esboço do caráter de Hitler que Churchill ditou em 1948, ao preparar o primeiro volume das suas Memórias de Guerra. Ali ele disse que a cristalização da visão de mundo de Hitler ocorreu não antes da Primeira Guerra Mundial, mas sim em 1919; e não em Viena, mas em Munique. No entanto, em *Minha luta*, Hitler insistira — e a maioria dos historiadores tem aceitado a tese — que, enquanto a sua vida sofreu uma reviravolta em 1918-1919, a sua ideologia política se cristalizara em Viena, cerca de oito ou nove anos antes. Bem, cerca de cinqüenta anos após 1948, alguns historiadores (inclusive eu, mas sobretudo a excelente Brigitte Hamann, em Viena) estiveram revendo a tese de Viena, encorajados por indícios que incluem a adulteração consciente, por parte de Hitler, da seqüência da evolução das suas idéias. No entanto, cinqüenta anos antes, naquelas páginas rapidamente ditadas, a percepção de Churchill em relação ao jovem Hitler foi prodigiosa.

A opinião de Churchill — e às vezes, de fato, a sua visão — a respeito do destino do povo alemão não era simples. Muitas pessoas, especialmente na Alemanha, consideraram (e ainda consideram) Churchill uma representação de um inglês germanófobo e atávico, um John Bull* antiquado, obcecado pelo espectro do poder alemão e por um firme desejo de destruí-lo. No entanto — a despeito de

* Personagem símbolo do povo inglês, a partir do protagonista de *A história de John Bull*, de John Arbuthnot (1712). (N.T.)

todas aquelas famosas fotografias de Karsh, em que se assemelha a um buldogue —, Churchill não era uma reencarnação de John Bull, na sua personalidade, no caráter nem no amplo interesse e conhecimento em relação ao mundo além da Inglaterra. O que eu devo mencionar aqui são as muitas indicações do respeito de Churchill para com a Alemanha e o seu povo. Elas estão lá, vigorosamente expressas nas últimas passagens de *A crise mundial*, a sua história da Primeira Guerra; podem ser encontradas no último volume das suas memórias sobre a Segunda Guerra Mundial quando, ao visitar uma Berlim devastada no verão de 1945, ele escreve sobre si mesmo que então só sentia compaixão pelas pessoas maltrapilhas e famintas que via;* e há o seu discurso de 1946 em Zurique, praticamente tão importante quanto seu discurso sobre a Cortina de Ferro em Fulton, no Missouri, naquele mesmo ano, em que ele exortou a França e a Alemanha a formarem um novo tipo de aliança, a fim de iniciar um novo capítulo na história da Europa ocidental. Menos evidente porém mais latente foi o seu reconhecimento progressivo, durante a guerra, de a que ponto os alemães podiam chegar, do quanto os seus exércitos eram temíveis. Há motivos para crer, além de algumas indicações, que após El Alamein Churchill continuou instando o marechal-de-campo Montgomery a esse respeito. Isso me conduz a outro exemplo da sua capacidade visionária que tenho citado com freqüência. Ele percebeu que Hitler havia forjado uma temível unidade do povo; que o nacional-socialismo alemão era uma onda aterrorizante de um futuro possível; e que era a isso que a Grã-Bretanha tinha de fazer frente. Considere-se, nesse aspecto, a diferença entre a visão de Churchill e a do primeiro-ministro francês, Paul Reynaud. Em junho de 1940, poucos dias antes da queda de Paris, Reynaud falou pelo rádio ao povo francês: se Hitler vencesse a guerra, "seria novamente a Idade Média, mas não iluminada pela misericórdia de Cristo". Poucos dias depois, em 18 de junho, no

---

* Confronte-se isso com Patrick J. Buchanan: "Em 1945, a Alemanha havia sido destruída e Churchill pôde bisbilhotar-lhe as ruínas." *A Republic, Not an Empire.* Washington, 1999, p.275.

discurso "A hora mais gloriosa", Churchill divisou uma perspectiva muito diferente — não de uma volta à Idade Média, mas de uma guinada para uma nova era de obscurantismo. Se Hitler vencer e nós sucumbirmos, disse ele, "então o mundo inteiro, inclusive os Estados Unidos, inclusive tudo o que conhecemos e apreciamos, submergirá no abismo de uma Nova Idade das Trevas, ainda mais sinistra, e talvez mais prolongada, devido às luzes da ciência deturpada". Ele, melhor do que Reynaud e talvez melhor do que qualquer outra pessoa, sabia a que tinha de se opor.

Estou chegando agora a outro exemplo: a opinião de Churchill sobre a Europa — que, novamente, o apresenta como alguém diferente do modelo de John Bull. John Bull tinha um só propósito. Winston Churchill, não. Existem dualidades nas inclinações da maioria dos seres humanos. Uma das dualidades de Churchill na sua visão do mundo e da história deste envolvia a relação da Inglaterra, de um lado, com os Estados Unidos (e com os povos anglófonos) e, de outro, com a Europa. A percepção de Churchill da relação anglo-européia é um tema rico e complexo. Envolve, dentre outras coisas, o seu grande apreço pela civilização e cultura da Europa, bem como o respeito pelos seus componentes antigos, tais como as monarquias constitucionais que ainda eram as principais formas de Estado durante a sua vida. (Observe-se que, quando Churchill já contava 36 anos, havia somente duas repúblicas em toda a Europa: a França e a Suíça.) Mas seria errôneo atribuir a opinião de Churchill sobre a Europa ao apelo de lembranças vitorianas, ou mesmo eduardianas. Tampouco a sua francofilia era a conseqüência lógica da germanofobia de que tem, freqüentemente, sido acusado. A sua simpatia pela cultura, civilização e história francesas (considerem-se apenas a admiração por Joana d'Arc, tantas vezes expressa, e o respeito por Napoleão) era mais profunda do que isso.

Mas aqui chego à diferença, talvez sutil mas essencialmente profunda, que separava Churchill da maioria dos contemporâneos no Partido Conservador na época. Eles sabiam menos sobre a Europa do que Churchill e, mais importante, eles desconfiavam mais dos laços e compromissos ingleses com a Europa do que Churchill. Eles não compreendiam as dimensões apavorantes dos objetivos e do poder de Hitler, paralelamente ao certo alívio que sentiam com o seu anticomunismo. Ao mesmo tempo, eles não entendiam que, se a Grã-Bretanha permitisse à Alemanha dominar toda a Europa central e a maior parte da Europa oriental, a independência da Europa ocidental, inclusive da França, estaria fatalmente comprometida e fatalmente constrangida; que o que se achava em jogo era mais do que as tradicionais questões de um equilíbrio de poder. Houve, e ainda há, muitos historiadores alemães, alguns historiadores americanos e europeus orientais e, posteriormente, até historiadores britânicos que criticam Churchill por haver adotado a política de combater a Alemanha, com o resultado de que a destruição do poder alemão levou à presença do poder russo na metade oriental do continente europeu. No entanto, essa conseqüência melancólica da Segunda Guerra Mundial na Europa não adveio de algum tipo de imprevidência de Churchill. Chego assim a outro exemplo das suas qualidades visionárias: sua opinião sobre a Rússia durante a guerra — e não só durante a guerra. Meu propósito aqui não é defender sua habilidade de estadista em termos de realismo político, mas sim argumentar algo que devo repetir em outra parte deste livro (embora a história não se repita, os historiadores às vezes o fazem...), que é o que há muito considero a essência da habilidade de estadista de Winston Churchill na Segunda Guerra Mundial. Já em 1940 ele via duas possibilidades: ou a Alemanha domina toda a Europa; ou a Rússia dominará a porção oriental da Europa (na pior das hipóteses, por algum tempo): e manter metade da Europa é melhor do que nada. Abordarei a relação de Churchill com Stálin no próximo capítulo: sua tentativa de entender Stálin, seus embaraços, o reconhecimento de que, sem a Rússia, a Alemanha talvez fosse invencível. Porém aqui desejo referir-me não ao pragmatismo de Churchill, mas às suas qualidades visionárias. Uma amostra disso pode ser o famoso comentário ao seu secretário, algumas horas antes do importante discurso de 22 de junho de 1941, na noite do dia em que a Alemanha invadiu a Rússia — um comentário, à primeira vista um tanto frívolo, que ele caracteristicamente julgou adequado registrar nas suas Memórias de Guerra: "Se Hitler invadisse o Inferno, eu faria pelo menos uma referência favorável ao Diabo na Câmara dos

Comuns."* Essa percepção de que "o adversário do meu inimigo pode ser meu aliado" é a reação de um estadista pragmático — porém eu estou interessado em mais do que isso. Estou interessado no reconhecimento, por parte de Churchill, de que Stálin era um nacionalista e não um comunista internacionalista, e de que a chave para o "enigma" russo consistia nos interesses do Estado imperial russo conforme Stálin os considerava. Essa compreensão de Stálin explica os acordos, às vezes criticados, com o líder soviético, inclusive o Acordo sobre as Percentagens de 1944, pelo qual Churchill conseguiu preservar a Grécia (e que Stálin cumpriu de forma escrupulosa).

E era a visão de Churchill de um perigo russo no pós-guerra que se achava por trás das suas fúteis insistências para delinear a estratégia anglo-americana no último ano da guerra, com o objetivo de avançar o máximo possível para leste na Europa central, a fim de evitar uma extensão perigosa da presença militar russa ali. Isso pouco tinha a ver com o comunismo, mas tinha tudo a ver com o ponto onde os exércitos russos e anglo-americanos se encontrariam e permaneceriam — em essência, onde ocorreria a linha divisória da Europa e o que isso significaria. Essa foi também a essência do seu discurso sobre a Cortina de Ferro, em Fulton. De 1943 a 1946, Churchill deparou-se com críticas e interpretações errôneas por parte de muitos americanos, que pensavam — ou pelo menos insinuavam abertamente, de quando em quando — que as idéias de Churchill refletiam opiniões que eram tacanhamente britânicas, imperialistas, reacionárias e perigosamente anti-russas. Recorde-se também que mesmo o discurso de Fulton foi tratado com muita cautela por Washington, com corteses desautorizações e algumas poucas aprovações particulares, ao mesmo tempo em que era aber-

* Encontrei certa vez uma precursora dessa frase. Não sei se Churchill tinha conhecimento dela. No jornal nacionalista irlandês *Fianna*, o dr. Eoin McNeill escreveu em setembro de 1915 (note-se que isto foi publicado em Dublin no meio da Primeira Guerra Mundial): "Se o próprio Inferno se voltasse contra a política inglesa, tal como nós a conhecemos, poderíamos ser perdoados por ficar do lado do Inferno."

tamente atacado por políticos, pela imprensa e tanto pela direita quanto pela esquerda americanas.

Pode-se agora dizer — e, eu admito, com uma certa parcela de irrefutabilidade — que, talvez ao contrário da minha distinção anterior, o que acabei de apresentar foram argumentos para tentar retratar o Churchill pragmático em vez do visionário. No entanto, tal advertência distintiva não pode ser aplicada à sua visão de longo prazo do futuro da Europa e do comunismo, da qual subsistem indícios. É singular que ele resolvesse dar o título *Triunfo e tragédia* ao último volume das suas Memórias de Guerra, por causa da divisão antinatural da Europa e do advento da guerra fria — ao passo que não se pode encontrar tal emprego da palavra *tragédia* nas Memórias de Guerra ou avaliações de americanos ou russos daquela época. É singular que toda a segunda parte desse volume apresente o título "A Cortina de Ferro". É também singular, e fartamente comprovado, que Churchill resolvesse minimizar, na realidade eliminar, muitos dos registros e lembranças dos seus desentendimentos com líderes políticos e militares americanos em 1944-45, por motivos pragmáticos, já que esse volume estava para ser publicado na época em que Eisenhower, o seu aliado no período da guerra, estava prestes a se tornar presidente dos Estados Unidos e, sem dúvida, também devido à magnanimidade de Churchill, à sua característica relutância em lembrar às pessoas: "Eu avisei." Mas a natureza da sua visão — neste caso, verdadeiramente antevisão — evidencia-se de duas fontes. Uma está nas memórias do general de Gaulle. Churchill voltou a Paris depois de quatro anos, em novembro de 1944. Foi uma ocasião memorável. Ele chorou. E, quando o general de Gaulle criticou os americanos por estarem permitindo que tão grande parte da Europa oriental passasse para os russos, Churchill respondeu que sim, era verdade. A Rússia era então um grande lobo faminto, no meio das ovelhas. Mas, após a refeição, vem o período da digestão. A Rússia não seria capaz de digerir o que estava então prestes a engolir. O segundo exemplo é o comentário que Churchill fez a John Colville, no dia de ano novo em 1953 (considere-se que isso foi dito ainda antes da morte de Stálin):

"(Churchill) disse que, se a minha vida tivesse a duração normal, eu seguramente veria a Europa oriental livre do comunismo." Levando-se em conta os presumíveis setenta anos de Colville, teria sido a década de 1980 — e foi exatamente o que aconteceu. Bismarck teria supostamente afirmado que um estadista pode enxergar cinco anos adiante, na melhor das hipóteses. A poucos estadistas na história é concedido sugerir o inesperado, décadas adiante, tão precisa e claramente. No entanto, tais eram as faculdades visionárias de Winston Churchill.

Ele estava assombrosamente certo a respeito de Hitler. Estava em grande parte certo a respeito do comunismo e de Stálin. Acerca do primeiro, ele conseguiu transformar as suas opiniões em ação. Acerca do segundo — devido aos muitos embaraços e também devido à relutância americana —, somente em parte o conseguiu. Churchill também julgava que a noção americana de anticolonialismo era, pelo menos em parte, prematura. Ele não partilhava a freqüente propensão americana a considerar a China uma grande potência. Sim, ele era imperialista. Sim, ele de fato disse — em uma fatídica ocasião, em uma fatídica frase — que não se tornara primeiro-ministro para presidir à liquidação do Império Britânico.* Não podemos saber o que teria acontecido com o Império se ele tivesse permanecido como primeiro-ministro após julho de 1945. Tendo a pensar que, salvo uma ou outra exceção, o fim do Império não teria sido inteiramente diferente. O que posso afirmar é que a sua visão da Europa e da relação anglo-americana foram mais claras que qualquer visão que ainda pudesse ter manifestado sobre o futuro do Império.

---

* Um dos maiores fracassos de Churchill, que lhe prejudicou a reputação e a carreira, foi a oposição veemente à concessão do status de Domínio à India, de 1929 a 1935: "Quando perdermos a confiança na nossa missão no Oriente, quando repudiarmos as nossas responsabilidades para com estrangeiros e minorias, quando nos sentirmos incapazes de, calma e destemidamente, cumprir as nossas obrigações em relação a imensas populações desamparadas, então a nossa presença nesses países estará privada de toda sanção moral." (Citado em James, *Churchill*, p.218.) E ele estava totalmente errado?

E aqui chego ao que é também a minha conclusão. Um resumo da sua capacidade de antever (e talvez do seu maior fracasso): a de uma eventual confederação dos povos anglófonos do mundo. Churchill possuiu essa visão do início ao fim da sua vida pública — desde o apoio juvenil à mãe, que publicou uma efêmera *Anglo-Saxon Review* de 1899 a 1901 (Churchill não gostava do título), através de literalmente incontáveis exemplos impressos e falados, culminando na publicação final dos quatro volumes de *Uma história dos povos anglófonos*, na segunda metade da década de 1950. A simpatia e o respeito pelos Estados Unidos eram atribuíveis a algo mais do que a influência da mãe, americana de nascimento. Incluíam a sua visão do futuro do mundo. Eram históricos mais do que raciais, mais ligados à civilização que à cultura, tendo como um dos fundamentos a qualidade do interesse e a extensão do seu conhecimento da história americana. Permitam-me mencionar apenas um caso, interessante e talvez até alentador. Em um delicioso livrinho intitulado *Se* (subtítulo: "Se houvesse acontecido de outro modo / Devaneios pela história imaginária"), organizado por J.C. Squire em 1931, Churchill colaborou com um capítulo que invertia a lógica e a ordem de todos os outros capítulos. Esses capítulos tinham títulos como "Se Napoleão não houvesse perdido em Waterloo"; mas o capítulo de Churchill apresentava o título "Se Lee não houvesse vencido a batalha de Gettysburg". Nesse esplêndido *tour de force*, Churchill especulava sobre as lamentáveis conseqüências da imaginada derrota de Lee em Gettysburg — pois então, infelizmente, o rápido término da Guerra de Secessão e a confederação americana com as outras nações anglófonas do mundo não teriam acontecido, e o resultado deplorável teria sido uma Primeira Guerra Mundial. Portanto, essa foi apenas mais expressão sucinta da visão de Churchill: caso tivesse existido uma união mais estreita, talvez mesmo uma federação, dos Estados Unidos com os países anglófonos do mundo, a Primeira e, depois, a Segunda Guerra Mundial poderiam jamais ter ocorrido. O mundo teria ingressado em outra "Era dos Antoninos", avançando para as luminosas regiões elevadas de uma ordem mundial democrática, amparado pela suave e benévola primazia global e marítima dos povos anglófonos.

Devemos considerar que essa visão não era destituída de realidade — com o que me refiro à potencialidade da sua consumação. Foi exatamente após 1895 que a propensão americana a falar mal da Grã-Bretanha começou a desaparecer; e após 1900 que a idéia de uma Pax Americana estava sendo substituída, na mente de algumas pessoas muito perspicazes, pela imagem de uma Pax Anglo-Americana. Essa não foi somente uma idéia predominante de Churchill durante grande parte da sua vida pública, de cerca de 1895 a 1955; ela correspondia, pelo menos durante certo tempo, às tendências de algumas pessoas dentre as classes mais altas americanas. É pelo menos possível que Churchill houvesse sofrido uma influência excessiva das ligações e contatos com tais pessoas, que ele estivesse insuficientemente a par das mudanças em curso na composição e na estrutura da população americana e que, conseqüentemente, as influências de uma classe dirigente anglófila estivessem decrescendo. Talvez ele reconhecesse isso; talvez não. Seja como for, *esta* visão de uma união cada vez mais estreita dos povos anglófonos do mundo não viria a ocorrer.

E então encerro este capítulo acerca da visão de Churchill com uma sugestão sobre o seu lugar na história. Estas são questões relacionadas. Ao contrário das opiniões mais aceitas, devemos considerar que Churchill não era uma espécie de remanescente admirável de um passado mais grandioso. Ele não era o Último Leão. Era algo mais. Representava determinados traços aristocráticos em uma época de democracia que ele se sentia obrigado a aceitar e eventualmente estimar. Sabia que não só a supremacia da sua nação dentre as potências mundiais, mas talvez toda uma era no mundo que principiara cerca de quatrocentos anos antes do seu nascimento, estava caminhando para o fim. Em suma, ele era o defensor da civilização no fim da Idade Moderna. Essa palavra, *civilização*, também surgiu no inglês há quinhentos anos, definida então como a antítese de barbárie. Em um momento dramático no século XX, Deus conferiu a Churchill a incumbência de ser o seu principal defensor. E agora outro exemplo mais assombroso e surpreendente da sua capacidade visionária. Ele estava velho e fraco, com a saúde precária, quando em 1955 se sentiu compelido a encerrar sua vida pública. No entanto, no último discurso na Câmara dos Comuns em 1955, ele disse algo, como escreve um dos seus biógrafos recentes,* "inesquecível ... que iluminou a aflitiva perspectiva como o clarão de um relâmpago" — sobre o fim do nosso mundo. Churchill disse: "Que rumo tomaremos para salvar as nossas vidas e o futuro do mundo? Isso não importa tanto para os velhos, pois em breve eles partirão, de qualquer jeito. Mas acho pungente olhar para os jovens com toda a sua energia e entusiasmo ... e ficar pensando: o que se estenderia diante deles *se Deus se cansasse da humanidade*?" Churchill não era um homem religioso, mas esse foi um bordão de presságio, como que proveniente do coração e da boca de um visionário e profeta do Antigo Testamento.

Os leitores deste capítulo — sob certos aspectos, introdutório — não devem interpretar mal o seu objetivo, que não é um sumário das virtudes nem da carreira de Churchill. Ele resulta de uma concepção da tarefa do historiador, que é não apenas fornecer um relato preciso sobre pessoas ou períodos, mas assinalar e considerar problemas: problemas do nosso entendimento de lugares e pessoas no passado, assim como os problemas das dualidades de determinadas pessoas. A uma descrição de tais problemas da vida de Churchill — a saber: suas relações com Stálin; com Roosevelt; com Eisenhower; com a Europa; sua atividade de historiador; seus fracassos e seus críticos — passarei a dedicar a minha atenção.

---

* In Roy Jenkins. *Churchill.* Nova York, 2001, p.893.

2

Churchill e Stálin

No segundo volume de *Da democracia na América*, de Tocqueville, há um capítulo que raramente (se tanto) despertou a atenção que merece. Com pouco mais de uma página e meia, contém somente quarenta e oito frases. Intitula-se "Algumas características dos historiadores em períodos democráticos". Muitas vezes tenho pensado que talvez se devesse emoldurá-lo e fixá-lo acima da mesa de trabalho de todos os historiadores e estudantes de história. Pois as frases de Tocqueville nos revelam que escrever a história na época da democracia, na época governada por maiorias soberanas, será diferente e mais difícil do que escrever a história em épocas governadas por minorias aristocráticas. E ele previu igualmente que os historiadores em uma época democrática tenderão a se preocupar com grandes movimentos gerais de sociedades e idéias, com a tendência concomitante a negligenciar os motivos, atos e objetivos de pessoas significativas.

No entanto, mesmo em períodos democráticos, o curso das histórias de nações inteiras pode depender de personalidades individuais. Isso se aplica à Segunda Guerra Mundial mais do que a praticamente qualquer acontecimento ou período importantes da história durante os últimos duzentos anos. Hitler, Churchill, Stálin, Roosevelt, de Gaulle (em menor grau, até Mussolini) — sem eles, tanto o curso daquela guerra atroz como as suas origens, a deflagração, os momentos decisivos e o resultado teriam sido não só totalmente diferentes: grande parte daquilo não teria sequer ocorrido. Esses líderes foram provas vivas de que, além da noção de que a história consiste em amplos movimentos econômicos e sociais, ou talvez mesmo ao contrário disso, para entender a história daquela época devemos antes de tudo (mas, é claro, não exclusivamente) concentrar-nos nos atos e relações de alguns líderes nacionais importantes.

Churchill, Stálin, Roosevelt: eles venceram a Segunda Guerra Mundial. (De certo modo, Churchill foi *a* figura fundamental, porque em 1940 ele foi o homem que não perdeu a guerra — pois esse foi o momento em que Hitler poderia ter vencido a guerra. Depois que a Rússia e os Estados Unidos se envolveram, Hitler não mais poderia vencer, ainda que — e isto ainda está longe de ser adequadamente compreendido — pudesse ter obrigado os adversários a algo parecido com um empate.) Churchill, Stálin, Roosevelt: eles eram homens muito diferentes; mas aqui o meu objetivo é uma descrição e uma análise não só dos seus caracteres, como das suas relações, e em vista não só da Segunda Guerra Mundial como também das suas imensas conseqüências. Pois estas não só influenciaram como determinaram a história do mundo durante, pelo menos, cinqüenta anos. As duas guerras mundiais foram as duas grandes cordilheiras que se salientaram na paisagem de todo um século. A guerra fria, de 1947 a 1989, foi a conseqüência direta da Segunda Guerra Mundial — isto é, algo muito diferente da tão alardeada disputa mundial entre comunismo e capitalismo, ou entre comunismo e "liberdade". E as origens da guerra fria dependiam ou resultaram das relações de Churchill, Stálin e Roosevelt.

Sobre esses relacionamentos triangulares, muitos dados se acumularam e muito se escreveu durante os últimos sessenta anos, muito sobre Churchill e Roosevelt, menos sobre Roosevelt e Stálin, e menos sobre Churchill e Stálin. No entanto, esse último relacionamento, inclusive as duas reuniões de cúpula, pode ter sido o mais decisivo, pelo menos para a Europa e o seu futuro naquela época.

O raciocínio, o relato e o estudo históricos são, pela sua natureza, revisionistas. O historiador, ao contrário de um juiz, está autorizado a examinar um caso repetidas vezes, com freqüência depois de achar e utilizar novos dados. Entretanto, apesar do fluxo escasso e desordenado de documentos que pingaram dos arquivos russos durante mais ou menos os últimos doze anos, parece não haver muito motivo para acreditar (ou esperar) que eles possam fornecer dados para rever não só os fundamentos, mas até os detalhes da relação entre Churchill e Stálin. No entanto, a mente humana tem a aptidão e a disposição para repensar uma grande parcela do passado, reiteradas vezes — e não necessariamente devido a novos dados, mas devido a perspectivas mutáveis: e a perspectiva é, evidentemente, um componente inevitável do ato de ver.

Grande parte das críticas escritas (e, eventualmente, orais) a Churchill tem sido dirigida ao tratamento que dispensou a Stálin (e à Rússia Soviética) durante a Segunda Guerra Mundial. As tendências pessoais e políticas dos críticos podem diferir, mas a essência das críticas é a mesma. Eles acusam Churchill de critérios duplos. Ele, que se opôs com firmeza e veemência ao apaziguamento da Alemanha e de Hitler, esforçou-se bastante para apaziguar Stálin e a Rússia. Ele não tinha ilusões acerca de Hitler, mas acalentava — e exprimia — muitas ilusões injustificadas acerca de Stálin. O ódio à Alemanha cegou-o durante toda a guerra. Tornou-o também um cúmplice na permissão à Russia e ao comunismo para avançarem até o centro da Europa. (Tal crítica é, com freqüência, ostensiva dentre historiadores alemães e determinados jornalistas, inclusive homens e mulheres que não podem ser acusados de nutrir simpatias por Hitler.) Churchill, que atacara o próprio governo por abandonar a Tchecoslováquia à Alemanha, abandonou a Polônia à Rússia. (É interessante que a última crítica tem sido manifestada com menos freqüência por poloneses do que por historiadores e autores não-poloneses.)

Existe *certo* fundamento nessas críticas, mesmo quando elas são ideológica, nacional ou exageradamente parciais. No entanto, praticamente nenhum dos críticos de Churchill considera uma condição essencial, que era a necessidade de manter a aliança com a Rússia Soviética, sem a qual a Grã-Bretanha e os Estados Unidos dificilmente — ou talvez jamais — poderiam ter esperado derrotar a Alemanha. Contudo, nem o âmbito nem o objetivo deste capítulo dizem respeito primordialmente às relações anglo-russas durante a guerra. Eles dizem respeito às mentalidades e aos relacionamentos dos dois líderes, Churchill e Stálin.

A opinião de Churchill sobre Stálin não era simples. Ela continha elementos de ilusão, mas também de um realismo supremo (e, se posso dizê-lo, antiquado). Mais tarde, o modo como ele encarava e tratava Stálin se tornou totalmente separado do modo como encarava e tratava o comunismo. Ainda antes da guerra, ele começou a ver a Rússia e seu líder como uma realidade nacional, e não ideológica. Não sabemos se Churchill tomou conhecimento do comentário do gaiato inglês que, ante a notícia do Pacto Nazista-Soviético (e entre Hitler e Stálin) em 1939, disse que "todos os ismos são passados", mas existe pelo menos motivo para imaginar que Churchill teria rido disso. Evidentemente, ele abominava o comunismo desde o começo. A defesa tenaz da intervenção aliada na guerra civil russa, em 1919-20, foi mais do que um outro exemplo da sua combatividade romântica. Ele julgava que os bolcheviques eram bastante fracos e, por isso, um pouco mais de ajuda aliada aos adversários brancos os derrubaria; do contrário, eles permaneceriam e se tornariam uma séria ameaça a outras nações do mundo. O anticomunismo era uma das razões (embora apenas uma) para a sua estima por Mussolini e outros ditadores e líderes anticomunistas europeus (e asiáticos). O seu desdém pelo comunismo não diminuiu. Um exemplo disso foi a sua preferência pelo lado de Franco no início e por certo tempo durante a guerra civil espanhola, por várias razões, dentre elas a presença de comunistas no regime republicano de tendência esquerdista, em Madri.

Contudo, e isto é importante, o proclamado anticomunismo "conservador" de Hitler, que na década de 1930 foi extremamente bem-sucedido, atraindo e alinhando pessoas e nações do lado alemão, não causou nenhuma impressão em Churchill, que era então minoria entre os conservadores. Ele não se deixou enganar pela propaganda do Terceiro Reich, inclusive o Pacto Anti-Comintern. Ele enxergou o perigo de uma nova Alemanha, em ascensão e armando-se. Como conseqüência, começou a levar em conta (como fizera o governo francês, a partir de 1934) a possibilidade de a Rússia

Soviética vir a participar de uma aliança antigermânica de Estados, talvez em nome da "segurança coletiva". Se já naquela época Churchill encarava Stálin cada vez mais como um líder revolucionário nacional e cada vez menos como um líder revolucionário internacional, não podemos saber; o que podemos afirmar é que suas opiniões sobre o comunismo e sobre a Rússia começaram a divergir. Ele, o notório imperialista de direita, que se bateu contra a concessão do status de Domínio à Índia e, depois disso, a favor de sempre mais armamento britânico, via-se então apoiado por cada vez mais pessoas de "esquerda". O seu círculo de relações de então incluía também o embaixador russo soviético em Londres, Ivan Maisky, raposa política que (como agora sabemos pelos textos dos seus despachos para Moscou) não merece a reputação que adquirira, mas que sabia como dizer algumas coisas que Churchill gostava de ouvir.

No entanto, Churchill, que compreendia Hitler e os seus objetivos talvez melhor do que qualquer outro estadista do mundo, sobretudo em 1938-39, estava equivocado a respeito da Rússia e sobretudo a respeito de Stálin naquela época. As pessoas não o sabiam então; nós o sabemos (ou pelo menos devíamos saber) agora. Antes e no decorrer da crise de Munique, Churchill julgava, e sustentava, que a Alemanha de Hitler tinha de ser detida e, se necessário, combatida naquele momento, por muitos motivos, inclusive a participação da Rússia em tal guerra: afinal, a Rússia tinha, na época, uma aliança com a França e com a Tchecoslováquia. Dez anos depois, Churchill repetiu a argumentação, direta e vigorosamente, em *A tempestade em formação*, o primeiro volume da sua história da Segunda Guerra Mundial. Ele já devia ter sabido então o que ficou cada vez mais evidente depois: que em setembro de 1938 Stálin não tinha mais intenção (de fato, ainda menos) de respeitar a sua aliança com a Tchecoslováquia do que tinham os franceses; na verdade, que Stálin estava satisfeito por se livrar da armadilha (se, de fato, fosse armadilha).

Em outro capítulo, terei de dizer algo sobre Churchill em relação a Munique, sobre a combinação de realismo e ilusões nas suas expectativas de então, mas aqui o meu objetivo é reconstituir a combinação do seu realismo e das suas ilusões a respeito de Stálin. Muito depois de Munique, ele continuou a acreditar que uma aliança anglo-francesa com a Rússia era absolutamente essencial para dissuadir Hitler. Após março de 1939 Churchill já não estava sozinho nessa insistência e provavelmente tinha razão ao lamentar que o governo de Chamberlain fosse moroso e relutante na busca de uma aliança militar séria com a Rússia Soviética. Entretanto, estava equivocado em pensar que Stálin estivesse disposto a participar de tal aliança. Dados substanciais indicam que em 1939 (e posteriormente) Stálin preferia negociar um acordo com Hitler a fazê-lo com as democracias capitalistas ocidentais. E assim aconteceu. Há certa razão para acreditar que, atordoado como se achava, tal como quase todos os demais, Churchill ficou menos chocado com o Pacto Stálin-Hitler do que ficaram muitos outros. Foi em 1º de outubro de 1939 — quando então já integrava o gabinete de Chamberlain — que ele pronunciou as frases que ficariam famosas: "Não posso prever para os senhores a ação da Rússia. É uma charada envolta em mistério, dentro de um enigma. Mas talvez haja uma chave. Essa chave é o interesse nacional russo." (Chamberlain, cujo desagrado com os soviéticos era mais entranhado que o de Churchill, escreveu-lhe que concordava plenamente.)

O interesse nacional russo; algo muito diferente do comunismo internacional e decididamente mais importante do que este: Churchill tinha razão quanto a isso na época e desde então. Devo insistir nisso mesmo agora, mais de uma década após o colapso do comunismo e da União Soviética. Tanto antes como no decorrer da guerra fria houve (e ainda há) governos e povos inteiros que viram toda a história do século XX governada por um conflito tremendo entre o comunismo internacional e o Mundo Livre (o que quer que isso seja). Evidentemente, a Rússia era um Estado comunista e Moscou ainda a capital do comunismo internacional: mas esta se achava subordinada aos interesses nacionais da Rússia — ou, mais precisamente, ao que Stálin entendia como esses interesses — muito antes de 1939, e sem dúvida depois. Churchill compreendeu isso. Na realidade, ele o compreendeu *perfeitamente*. Considerava Stálin um ditador nacional: um líder brutal e desdenhoso, mas ainda assim um estadista. Em breve veremos que, especialmente após 1941, esse elemento de sentimentalismo romântico que pode ser inerente a muitos casos de uma faculdade visionária levou Churchill ao exagero, quando ele sentiu necessidade de manifestar, de vez em quando, o seu grande apreço por Stálin. Mas antes de passar às relações pessoais entre ambos, permitam-me dizer algo sobre a convicção de Churchill: que, não obstante o comunismo, o interesse nacional russo talvez não fosse incompatível com o da Grã-Bretanha. Pois havia uma coerência que esteve presente, como um fio condutor, na visão do mundo de Churchill, de 1939 até praticamente o fim da sua vida. Estava lá em 1939, quando ele buscou uma aliança com a Rússia de Stálin; estava lá em 1939 e 1940, quando Stálin estava praticamente aliado a Hitler; estava lá em 1941 e depois, quando Churchill e Stálin se tornaram aliados; estava lá durante e especialmente perto do fim da guerra, quando ele considerou a Rússia de Stálin um enorme perigo; estava lá em e após 1945, quando ele advertiu os americanos e o mundo sobre aquele perigo e insistiu na necessidade de detê-lo e combatê-lo; estava lá em 1952 e depois, quando tentou, em vão, renegociar com os russos a divisão da Europa, que era o ponto fundamental da guerra fria. A questão era que os interesses nacionais da Rússia deviam ser seriamente considerados — embora definidos e mantidos dentro de limites razoáveis, sempre que possível. E aqui devemos considerar que, segundo todas as indicações, a maioria da opinião política, pública e popular britânicas acerca de uma conformidade potencial dos interesses britânicos e russos estava de acordo com o ponto de vista de Churchill em 1939-41, assim como em 1941-45.*

Não há necessidade aqui de descrever, ou talvez mesmo de resumir, as relações anglo-russas antes da invasão da Rússia por Hitler,

---

* Um exemplo: um editorial no *Times* de Londres, em 01.08.1941: "A liderança na Europa oriental só pode caber à Alemanha ou à Rússia. Nem a Grã-Bretanha nem os Estados Unidos podem exercer, ou aspirar a exercer, qualquer poder predominante nessas regiões."

embora elas incluam a carta de Churchill a Stálin escrita após a queda da França, um importante documento político, lido mas desconsiderado por Stálin; e, depois, as insistentes advertências, indiretas e diretas, de Churchill a Stálin — e, de novo, sistemática, desconfiada e desdenhosamente rejeitadas — de abril a junho de 1941, acerca da iminente invasão alemã. Chegamos assim à constrangida, mas não obstante *de facto*, aliança entre ambos, que teve início exatamente naquele domingo, 22 de junho, que foi o pior dia de Stálin, mas não o de Churchill, de modo algum. Às nove horas daquela noite, Churchill fez pelo rádio um dos seus grandes discursos, cujo teor foi que, embora não repudiasse nada do que dissera sobre o comunismo, naquele momento em que a Alemanha estava invadindo a Rússia, espezinhando e subjugando-lhe o povo, qualquer nação que repelisse e combatesse Hitler era aliada da Grã-Bretanha.

Stálin, até o último instante, esperou desesperando (apesar de todos os sinais) que Hitler não o atacasse. Conforme a sua índole desconfiada, ele também achava que as advertências de Churchill deviam ser desconsideradas (e não só abertamente). Achava que o interesse de Churchill e da Grã-Bretanha era ver o colosso alemão voltar-se para o leste e envolver-se em uma guerra com a Rússia, razão por que não podia esperar grande coisa — se é que podia esperar algo — de Churchill. Em suma, ele sabia que a invasão da Rússia por Hitler era bem recebida por Churchill, o que naturalmente era verdade. Mas ele também avaliou mal os motivos de Churchill, atribuindo-lhes, pelo menos de quando em quando, um desejo ardiloso de incitar os alemães, ou ao menos ajudar a ocasionar uma guerra germano-russa. As interpretações errôneas de Stálin marcaram grande parte do relacionamento entre ambos durante a guerra. Mas não era só isso. Churchill passou a apreciar Stálin, ou pelo menos algumas das suas qualidades, e Stálin passou a respeitar Churchill, ou pelo menos a acreditar no que ele estava dizendo.

No que diz respeito a Churchill, havia dois elementos agindo nesse relacionamento que então se desenvolvia. Um era seu alívio, que às vezes chegava à admiração, ao ver Stálin como um grande líder nacional na guerra; o outro era seu persistente desdém pelo comunismo. Porém durante vários meses após junho de 1941 não houve muito motivo para Churchill aumentar sua estima por Stálin. De junho a dezembro de 1941 as principais preocupações de Churchill eram ver os Estados Unidos lentamente se aproximarem cada vez mais da guerra e ajudar a manter a Rússia lutando. Em setembro e outubro de 1941, houve uma crise que os historiadores da Segunda Guerra Mundial talvez não tenham examinado com suficiente atenção. No início de setembro, Stálin enviou uma mensagem a Churchill que incluía palavras sinistras: "A União Soviética está em uma situação de perigo mortal" — de fato, com os alemães avançando, capturando milhões de prisioneiros russos. Nessa mensagem desalentada,* Stálin exibiu seu desconhecimento: pediu uma invasão britânica da Europa ocidental e o deslocamento de vinte e cinco ou trinta divisões britânicas para a Rússia, pela Pérsia ou por Arcangel.** Churchill disse-lhe que era impossível. Enquanto isso, a produção bélica britânica se esforçava ao extremo (e em uma época muito difícil), enviando o máximo possível de tanques e aviões para a Rússia. A Grã-Bretanha e a Rússia já haviam assinado uma espécie de aliança e, conjuntamente, dominaram e ocuparam a Pérsia em questão de dias. Churchill não era um estadista reservado, mas não sabemos exatamente o que ele pensava de Stálin em setembro e outubro de 1941, quando uma decisiva vitória alemã na Rússia parecia de fato possível.*** Seja como for, a serenidade de Churchill

---

* É talvez curioso que essa frase tenha sido ligeiramente alterada na edição soviética da correspondência entre Stálin e Churchill. ("Isso resultou em uma redução da nossa capacidade de defesa e confrontou a União Soviética com um risco mortal.")

** Sombras de Lênin! É uma pena que não tenha acontecido. Que livro Evelyn Waugh poderia ter escrito sobre as aventuras dos Reais Fuzileiros na Ucrânia. (Possíveis títulos: *A jovem comandante vermelha*; *Camaradas em armas*; *Kommissarovka revisitada*.) Escrevi um pouco disso vários anos atrás; cf. *The Last European War, 1939-1941*. Nova York, 1976, reimp. 2001, p.149.

*** É pelo menos curioso que, no início de setembro, Churchill tenha enviado lorde Beaverbrook para uma entrevista secreta com Rudolf Hess. Ver igualmente *The Last European War*, p.149, n.22.

durante esse período de crise, hoje em grande parte esquecido, foi notável. Em seguida, ocorreu o ponto crucial de toda a guerra, em dezembro de 1941: os russos detiveram e repeliram o avanço alemão diante de Moscou no exato momento em que, a meio globo de distância, o ataque japonês a Pearl Harbor impelia os Estados Unidos para a guerra.

Churchill ficou aliviado. Ele soube então que os japoneses (e Hitler) estavam perdidos. Compreendeu também que a Rússia havia superado o pior, com Stálin como o seu grande líder e, além disso, um estadista. Na semana anterior a Pearl Harbor e à reviravolta em Moscou, Churchill tivera de consentir nas repetidas solicitações de Stálin para que declarasse guerra a Finlândia, Hungria e Romênia (ele se importava muito mais com a primeira do que com as últimas), governos que haviam entrado em guerra contra a Rússia ao lado de Hitler. Na semana posterior a Pearl Harbor, ele enviou Anthony Eden a Moscou, onde Stálin exigiu que a Grã-Bretanha reconhecesse o que a Rússia queria após a guerra: no mínimo um restabelecimento das suas fronteiras de 1941, incluindo a incorporação dos Estados bálticos e da Polônia oriental. Churchill conseguiu esquivar-se de tal compromisso formal, mas a custo. Além disso, começavam a revelar-se cada vez mais casos de barbaridades e ambições russas, cujas manifestações eram sofridas e relatadas principalmente por poloneses. Em março de 1942, houve um encontro entre Churchill e o primeiro-ministro polonês no exílio, general Wladyslaw Sikorski, narrado por este. Churchill admitiu "que a sua apreciação da Rússia não diferia muito" da apreciação do seu amigo polonês. "No entanto, ele ressaltou os motivos que tornavam necessário" fazer determinados acordos com a Rússia. "Fora o único país que lutara contra os alemães com êxito. Ela eliminara milhões de soldados alemães e, no momento, o objetivo da guerra parecia não tanto a vitória, quanto a morte ou a sobrevivência das nossas nações aliadas. Se os russos chegassem a um acordo com o Reich, tudo estaria perdido. Isso não devia acontecer. Se fosse vitoriosa, a Rússia decidiria sobre as suas fronteiras sem consultar a Grã-Bretanha; se ela perdesse a guerra, o acordo perderia toda a importância."* Existem todos os motivos para crer que essa visão sombria e desalentadora era mais do que uma advertência realista a um aliado secundário e, ocasionalmente, incômodo; ela representava a opinião mais profunda de Churchill sobre a guerra. Pois em março de 1942 grande parte do alívio de três meses antes se havia dissipado, se não desaparecido totalmente. A reviravolta nas imediações de Moscou não fora além disso. Onde Napoleão fracassara, Hitler foi bem-sucedido. Os exércitos alemães sobreviveram ao inverno na Rússia, preparando-se para avançar novamente. Os japoneses avançavam também, a passos largos. Cingapura havia capitulado. No Atlântico, navios americanos e britânicos foram afundados por submarinos alemães. De junho a dezembro de 1941, Stálin dependera de Churchill. Agora Churchill se tornava dependente de Stálin.

Houve algumas ocasiões durante a guerra em que Churchill ficou apreensivo com a admiração excessiva pela Rússia, bem como com o aumento das influências comunistas na Grã-Bretanha, porém não atribuiu muita importância a isso. Diferentemente das pessoas de esquerda (e, claro, da propaganda alemã e pró-alemã), comunismo e Rússia, comunistas e Stálin não eram de forma alguma questões idênticas para ele. Podemos verificar isso mais adiante na guerra, quando ele usou a desdenhosa palavra *trotskista* para classificar revolucionários comunistas estrangeiros que pareciam agir independentemente de Stálin. Ele não estava de todo equivocado. Por exemplo, a maioria dos comunistas nos Estados Unidos, muitas vezes judeus, apesar de comprometidos com o stalinismo, assemelhavam-se essencialmente a Trotski nas convicções quanto ao comunismo internacional ou à luta de classes e afins. Mas essa é uma outra questão. A nossa questão principal é o relacionamento de Churchill com Stálin e a sua dependência mútua, em cuja balança Stálin pesava mais do que Churchill, sem dúvida em 1942. E assim Churchill voou através de metade do mundo para se encontrar com ele.

---

* *Documents of Polish-Soviet Relations, 1939-1945*. Londres, 1961, 1:297-8.

Passo agora aos encontros de ambos em Moscou, às duas "reuniões de cúpula" de agosto de 1942 e outubro de 1944, que foram cruciais para o seu relacionamento. Em 1942, eles aprenderam a se conhecer; em 1944, eles dividiram entre si a Europa oriental. Essas reuniões foram, senão mais importantes, no mínimo tão importantes quanto as reuniões tripartites em Teerã (1943), Ialta (1945) e Potsdam (1945), as duas primeiras com a participação de Roosevelt, a terceira com Truman (sem falar na meia dúzia de encontros de Churchill com Roosevelt, de 1941 a 1944). Em agosto de 1942 Churchill voou por sobre a África e a Ásia até Moscou. Não simplesmente para estabelecer um relacionamento pessoal: ele tinha muitas explicações a dar. Mais uma vez os alemães estavam irrompendo pelo sul da Rússia, penetrando no Cáucaso; os americanos estavam lutando com os japoneses nas longínquas regiões do sudoeste do Pacífico; Rommel estava fazendo os britânicos recuarem para o Egito; navios britânicos foram mandados para o fundo dos oceanos Atlântico e Ártico; tudo o que os britânicos podiam fazer, e faziam, era bombardear determinadas cidades alemãs à noite. Pior: Churchill tinha de dizer a Stálin o que este já esperara — que não haveria uma Segunda Frente na Europa ocidental em 1942. (Churchill e seus generais haviam conseguido dissuadir Roosevelt e Marshall disso — acertadamente, pois teria sido uma catástrofe.) Stálin falou duramente. Mas Churchill retrucou no mesmo tom. Isso impressionou Stálin. Ele muitas vezes apreciava a coragem e o ânimo daqueles (não havia muitos) que o enfrentavam. Churchill, por sua vez, ficou igualmente impressionado com Stálin: pelo seu rude desembaraço; pelas qualidades de um chefe nacional mas também pelas de um pai; por sua invocação de Deus, ao menos em uma ocasião. Churchill ficou também aliviado, e impressionado, com a reação de Stálin à única boa notícia significativa que ele levara: a da planejada invasão de americanos e britânicos na África do Norte francesa, em novembro. Stálin não ficou excessivamente grato, mas pareceu entender de pronto o que isso significava para a guerra.

Após essa primeira reunião em Moscou, de quando em quando (não sabemos exatamente qual a primeira vez) Churchill diria ao seu círculo: "Eu gosto desse homem." Mas algo pior estava por vir.

Após Stalingrado, a besta russa tomou as rédeas de sua situação. Stálin tornou-se exigente: Churchill e Roosevelt tiveram de dar-lhe cada vez mais atenção. Em 1943 suas relações ficaram piores do que antes. Stálin percebeu que não haveria uma Segunda Frente nem mesmo naquele ano. Algumas das suas atitudes (por exemplo, a retirada dos seus bem-conhecidos embaixadores de Londres e Washington) foram desanimadoras. Ele achava, e dizia, que os britânicos não estavam absolutamente se empenhando para fazer a sua parte na guerra. Havia um turbilhão de problemas em torno da Polônia. Churchill achava que não era o momento de questionar Stálin sobre suas intenções após a guerra. Ele admirava como os russos lutavam. Não foi idéia sua presentear Stálin, em Teerã, com a "Espada de Stalingrado", mas isso estava em conformidade com os seus sentimentos românticos. "Em conformidade": mas ele se deixou empolgar pela simpatia por Stálin? Não — havia uma tendência dual na sua mente acerca de Stálin e dos russos, uma dualidade que não era oscilante, mas quase sempre constante. Há muitas indicações disso. Em outubro de 1943, o general Henry Pownall registrou que Churchill "antipatizava profundamente com os russos e o seu jeito e não mantinha ilusões a seu respeito. Eles estão fazendo o que estão fazendo (e muito bem, realmente) para salvar a própria pele. Sua política futura será unicamente para atender às suas conveniências, e ninguém mais será levado em conta. Tanto mais necessário, portanto, manter-se junto com os Estados Unidos."* Em outra ocasião, Churchill disse que os soviéticos eram como crocodilos: nunca se sabe quando dar-lhes tapinhas na cabeça ou golpeá-los.

Em seguida houve a reunião tripartite em Teerã. Ali Churchill perdeu sua posição anterior de predomínio e percebeu isso: ficara atrás de Roosevelt e Stálin. Sua decepção (cuidadosamente oculta, mesmo nas suas memórias de guerra) foi maior com Roosevelt do que com Stálin, pois o presidente americano deu demonstrações do seu distanciamento de Churchill, tentando causar a Stálin a impres-

---

* Brian Bond (org.), *Henry Pownall, Chief of Staff: The Diaries of Lieutenant General Sir Henry Pownall, 1940-1944*. Londres, 1974, 2:109-10.

são de que estava pelo menos tão próximo do russo (senão mais próximo) quanto estava do britânico. Muitas coisas foram discutidas e decididas em Teerã. Stálin ficou aliviado ao saber que a invasão total da Europa ocidental iria enfim ocorrer no final da primavera seguinte, embora ele ainda suspeitasse que Churchill desejaria retardá-la ou alterá-la. Àquela altura, porém, Stálin sabia igualmente que manter as boas relações com os Estados Unidos era ainda mais importante do que as suas relações com a Grã-Bretanha.

Churchill sabia disso. Mas sabia também que — no que dizia respeito à Europa — as suas relações com a Rússia eram tão importantes quanto as suas relações com os Estados Unidos. Além disso, devido à geografia progressiva da guerra, tornavam-se iminentes questões, problemas e planos que não podiam ser adiados por muito tempo. Envolviam, antes de tudo, a divisão em perspectiva da Europa. Escrevi antes sobre a percepção — à primeira vista, brutalmente coerente — de Churchill (e britânica) de que metade da Europa era melhor do que nada; de que, se a alternativa ao domínio alemão da Europa era o domínio russo da Europa oriental, assim fosse. Essa parte estava claramente expressa, porém já não se tratava só disso. Ao olhar mais à frente, Churchill estava começando a ficar preocupado com dois assuntos graves. O controle alemão da Europa, se Deus quisesse e o dia D vingasse, estava chegando ao fim. Ocorrendo isso, a liberação da Europa ocidental era uma decorrência inevitável. Mas e quanto ao resto da Europa? A Alemanha seria dividida? Churchill achava que talvez para melhor, sim, junto a fronteiras históricas. Mas não tinha certeza do que Stálin e Roosevelt tencionavam quanto à Alemanha e não insistiu nesse problema, nem mesmo em Ialta. A leste e a sudeste da Alemanha, porém, a questão da Europa oriental, ao contrário da questão da Alemanha, se tornava iminente. Churchill e Stálin sabiam disso; Roosevelt, não — por muitas razões, inclusive o hábito americano de não pensar em coisas futuras desagradáveis, bem como o hábito de protelação de Roosevelt, especialmente em 1944, associado ao seu desejo de evitar qualquer tipo de dificuldade com Stálin.

Chegamos assim aos problemas da Polônia e da Europa oriental, sob certos aspectos semelhantes, sob outros diferentes. Havia, para começar, um compromisso moral com a Polônia que Churchill não descartaria, por motivos mais profundos do que políticos. Fora devido à invasão da Polônia por Hitler que a Grã-Bretanha declarara guerra à Alemanha. Mas a garantia e a aliança da Grã-Bretanha em 1939 não valeram de nada à Polônia. Ao mesmo tempo os poloneses lutaram com bravura excepcional. Aproximadamente cem mil poloneses seguiram para a Grã-Bretanha, muitos deles soldados e aviadores de qualidades notáveis. Eles lutaram no ar, nos mares e em três continentes, no lado britânico. Existia um dever britânico para com eles, não importava o quanto fosse difícil cumpri-lo. Não era algo que Churchill consideraria apenas devido a razões políticas internas (ao contrário de Roosevelt, que surpreendeu Stálin ao lhe dizer que precisava de votos polono-americanos em determinadas zonas eleitorais, em estados importantes). Mas por outro lado havia a geografia. Foi pela Polônia que os alemães se concentraram e depois marcharam para a Rússia, e seria pela Polônia que os russos marchariam para a Alemanha. Era pelo menos imaginável que, em alguns locais do sudeste da Europa, forças britânicas ou anglo-americanas pudessem surgir pouco antes ou no fim da guerra; mas no nordeste da Europa, e particularmente na Polônia, isso era impossível. Assim, as mãos de Churchill estavam atadas, mesmo quando sua mente não o estava.

Ele não podia ignorar, quanto mais contestar, o que Stálin queria da Polônia. Stálin queria duas coisas: as suas fronteiras de 1941 e, depois, uma Polônia subserviente. No fim ele conseguiu ambas, embora Churchill tenha se batido tenazmente quanto à segunda. A primeira foi a questão mais fácil — para ele, embora não para os poloneses. A fronteira oeste da União Soviética em 1941 (que ela alcançou em 1939, pelo pacto com Hitler) se estendia, de um modo geral, ao longo da chamada Linha Curzon de 1920 (proposta pelos governos britânico e francês durante a guerra soviético-polonesa em 1920 mas que, após a derrota do Exército Vermelho naquela guerra, foi abandonada; no Tratado de Riga, em 1921, a fronteira polono-russa foi estabelecida a mais de 160km para leste). Desde o início, Churchill julgou que não devia nem podia recusar essa exigência russa fundamental. Além disso, dentre outros problemas, essa parte da Polônia oriental era habitada por pessoas de todos os tipos, a maioria não-poloneses. De outro lado, uma aceitação polonesa da Linha Curzon equivaleria a uma perda de mais de dois quintos do território polonês anterior à guerra. O governo polonês no exílio em Londres — que, ao contrário de muitos outros governos no exílio, não era um regime de simulacro, mas com razoável prestígio e um exército considerável — não consentiria nisso.

O projeto de Churchill era compensar a concessão geográfica com uma concessão política: ceder a Stálin a Linha Curzon, em troca da sua aceitação de uma Polônia independente, firmemente amistosa para com a Rússia, mas cujo governo não fosse dominado por pessoal escolhido por Moscou, comunistas subservientes. Ele não deve ser criticado por não haver conseguido isso. O governo polonês em Londres só aceitaria a Linha Curzon no derradeiro momento — embora Churchill, com o consentimento de Stálin, propusesse uma compensação bastante razoável à Polônia, com territórios extensos que seriam obtidos da Alemanha. Roosevelt e os americanos deram pouco, ou nenhum, apoio a Churchill. Mais relevante: em 1944 Stálin, cujos exércitos haviam começado a avançar pela Polônia, sabia que conseguiria tanto a Linha Curzon quanto um governo satélite em Varsóvia, dirigido na maior parte por comunistas preparados em Moscou. Que o destino da Polônia não era uma preocupação secundária para Churchill fica óbvio do fato de que, por insistência sua, a Polônia foi o tema a ocupar a maior parte do tempo em Ialta, assim como em sua conferência em Moscou com Stálin, em outubro de 1944. Durante essa conferência, ele se dirigiu rude e, às vezes, brutalmente aos representantes poloneses democráticos ainda relutantes e impossibilitados de aceitar a Linha Curzon. Churchill disse que não permitiria que eles colocassem em risco a sua aliança de guerra com Stálin. Censurou-os asperamente pela teimosia e irrealismo, por deixarem escapar (assim lhes disse) a sua última e única oportunidade de assegurar uma Polônia decente e livre após a guerra. Stálin, afinal, havia permitido que alguns dos poloneses em Londres fossem a Moscou, ao passo que Churchill demonstrou apenas desdém pelos poloneses comunistas ou pró-comunistas que Stálin apresentara como os líderes da sua Polônia.

(Churchill ficou impressionado — mas não de todo aplacado — ao ver que Stálin também não os tinha em alta conta. Com uma espécie de cintilação no olhar, Stálin transmitiu a sua satisfação a Churchill com o sentido: "Veja como os meus fantoches obedecem...")

Essa conferência em Moscou, que durou quase dez dias, oferece muitas pistas sobre o relacionamento entre Churchill e Stálin. Churchill considerou-a um sucesso, como informou a Londres tanto durante como após a reunião. Talvez ele estivesse sendo otimista demais; talvez superestimasse o que via como sinais do realismo de Stálin — e, por conseqüência, do relacionamento de ambos, do recíproco, senão mútuo, apreço. Churchill tem sido criticado por seu comportamento em Moscou. No entanto, ele tentou, e pelo menos em parte conseguiu, salvar o possível: salvar das garras de Stálin o máximo da Europa que então podia, em um momento em que não dispunha de trunfos na mão. Não viria a haver uma presença militar anglo-americana na Europa oriental. Ele não conseguira persuadir os americanos. Enquanto isso, os russos haviam ocupado a Romênia e a Bulgária, entraram na Iugoslávia e estavam avançando com dificuldade pela Hungria. Meses antes, Churchill formulou uma pergunta, talvez retórica, a Anthony Eden: nós estamos dispostos a consentir na comunização dos Bálcãs e, talvez, da Itália? Em junho, ele sugeriu uma divisão de trabalho temporária aos russos (e também a Roosevelt), que consistia, em essência, em se traçar uma linha de divisão de responsabilidades, com a Romênia e a Bulgária passando para os russos. Mas não houve uma concordância americana explícita quanto a isso, como de fato não houve quanto a outros assuntos. Assim Churchill, ao chegar a Moscou, sentou-se à mesa diante de Stálin e propôs o Acordo das Percentagens.

De vez em quando, o Acordo das Percentagens é apresentado como prova do cinismo de Churchill, como indicação da maneira displicente como esse velho e arrogante aristocrata dispunha do destino de nações inteiras. Essa crítica está mal colocada. De certo modo, o seu inverso era verdadeiro. Não existe a mais leve indicação de que qualquer pessoa no governo britânico (inclusive Eden), qualquer funcionário importante no Ministério das Relações Exteriores, qualquer personagem público britânico influente, qualquer barão da imprensa houvesse tentado lembrar a Churchill que era preciso fazer algo para averiguar e estabelecer os limites de um controle soviético total do sudeste da Europa, incluindo a Hungria. A idéia, e a preocupação, foram do próprio Churchill. Era o primeiro, e premente, assunto na sua agenda. Logo no começo do primeiro encontro com Stálin, ele disse que deviam discutir a Polônia e, imediatamente, passou a fazê-lo. A história é bem conhecida. Ninguém a descreveu tão direta e vividamente quanto o próprio Churchill. Ele abriu por cima da mesa meia página de papel, em que havia escrito estas percentagens: "Romênia: Rússia 90%. Grécia: Grã-Bretanha (acordado com os EUA) 90%. Iugoslávia: 50-50. Hungria: 50-50. Bulgária: Rússia 75%." Stálin pegou o seu habitual lápis azul e fez um grande ✓ de conferido, no papel. Tudo certo! "Depois disso, fez-se um longo silêncio. O papel com a marca do lápis permanecia no centro da mesa. Por fim, eu disse: 'Não poderia ser considerado um tanto cínico se parecesse que resolvemos esses problemas, tão decisivos para milhões de pessoas, de um modo tão improvisado?' Vamos queimar o papel. 'Não, guarde-o com você', disse Stálin."* Churchill ficou impressionado. Essa seria uma conferência bem-sucedida, e era possível confiar em Stálin.

Não foi exatamente assim, porém Churchill não estava de todo equivocado. Não foi exatamente assim: já vimos que Churchill praticamente não abalou a determinação de Stálin sobre o que fazer quanto à Polônia. Além disso, mais ou menos um dia após aquele importante acordo, Stálin mandou Molotov barganhar com Eden a respeito de alguns detalhes. Molotov era um barganhador mais tenaz do que Eden. Ele reformulou algumas das percentagens (especialmente no caso da Hungria) em favor da Rússia e Churchill permitiu que assim ficasse — talvez também porque ele havia contraído uma forte gripe. No entanto, a sua estima por Stálin era ainda mais sólida do que antes; em ao menos uma ocasião ele se referiu a

---

* Relato de Churchill. *Triumph and Tragedy*. Boston, 1953, p.227-8.

Stálin como "um ilustre e bom homem". Pelo menos em um caso importante Stálin cumpriu de fato a palavra. Churchil havia proposto o predomínio britânico de 90%, quase absoluto, na Grécia. Stálin aceitou sem discutir. Isso era importante, porque Churchill tinha muito com o que se preocupar na Grécia, onde a guerra civil era iminente, pois um exército guerrilheiro comunista estava surgindo em praticamente toda parte, tentando derrotar e eliminar as forças da resistência grega, monarquistas e liberais — isso apesar da chegada de algumas tropas britânicas a Atenas, precisamente na época da conferência em Moscou. Entretanto, o Acordo das Percentagens salvou a Grécia* — objetivo principal de Churchill. Cinco semanas depois, uma insurreição comunista pareceu subjugar Atenas. Churchill enviou considerável força britânica da Itália para combatê-la e esmagá-la. No mais sombrio dezembro, ele abandonou a expectativa de um natal em família e voou para a Grécia, a fim de forjar uma solução política provisória. Ele havia suscitado críticas intensas, e às vezes violentas, dos americanos, inclusive do Departamento de Estado e da imprensa, mas nem uma única palavra ou ato desfavorável por parte de Stálin. (O representante russo na Comissão de Controle Aliado em Atenas afirmou aos comunistas, momentaneamente vitoriosos, que nada tinha a ver com eles.) Uma ou duas vezes Churchill chamou os comunistas gregos de "trotskistas" — querendo dizer que eles não eram como Stálin.

Ele encarava Stálin como um governante russo tradicional — um estadista, um czar vermelho. Ao atacar Churchill após a guerra, Evelyn Waugh escreveu que Churchill havia julgado que Stálin era apenas um velho czar em escala maior, "um erro apavorante". Mas evidentemente Stálin *era* um czar em escala maior: só que não do tipo de Nicolau II, evasivo, vacilante, afável, com a barba em ponta como a de Jorge V da Inglaterra, mas um espantoso czar em escala

* Não poderia salvar a Hungria, embora durante os meses seguintes Churchill insistisse várias vezes (principalmente com os americanos) que a Hungria não era um Estado balcânico, mas da Europa central, e que (ao contrário de uma das observações de Stálin) a Hungria não formava fronteira com a Rússia.

maior, um novo Ivan, o Terrível. O que Churchill também compreendeu foi que a geografia e o território tinham importância, não a ideologia: onde os exércitos russos e onde os exércitos anglo-americanos se achariam no final da guerra; e que a maneira de lidar com Stálin era, portanto, na base da permuta — isso é seu, isso é nosso. Stálin compreendia as coisas mais ou menos da mesma maneira. (Já Roosevelt e os americanos não, exceto quando e onde eram obrigados a isso pelas circunstâncias.)

Na Conferência de Ialta, em fevereiro de 1945, Churchill ainda era uma figura principal, mas o seu poder e a sua influência eram menores do que os de Roosevelt e Stálin. A Polônia foi um tema principal e muito debatido em Ialta, mas Stálin pouco ou nada cedeu. As relações pessoais de Churchill com ele ainda eram excelentes. Eles brindavam um ao outro, talvez em demasia. Em Ialta, Stálin chegou quase ao ponto de felicitar Churchill pelo controle da Grécia. Churchill disse aos representantes britânicos na Romênia que eles tinham de compreender as grandes limitações dos interesses da Grã-Bretanha lá. Mas logo depois de Ialta, a despeito do Acordo das Percentagens, Churchill reconheceu que a "Declaração da Europa Liberada" — um enunciado em termos gerais redigido e assinado em Ialta, principalmente para agradar o presidente Roosevelt, prometendo "democracia" em toda parte da Europa — era interpretada por Stálin como significando que o que os *seus* exércitos haviam "liberado" pertenciam a ele. Era assim imperioso que os exércitos anglo-americanos se encontrassem com os russos o máximo a leste possível. Por algum tempo Churchill havia esperado e, ocasionalmente, planejado que uma força britânica chegasse a Viena; seus planos foram frustrados pelos americanos. Mas no final de março uma nova situação se delineava: pela Alemanha, os exércitos anglo-americanos estavam avançando mais depressa do que os russos. Se não Viena, eles poderiam alcançar Praga ou talvez até Berlim, à frente dos russos. Os americanos não permitiriam isso de forma alguma. O general Eisenhower, comandante supremo dos aliados, se incumbiu de informar Stálin (sem informar Churchill antes) que os exércitos aliados não avançariam naquela direção.

Os problemas de Churchill com os americanos, com Roosevelt e o seu círculo (o presidente estava morrendo) eram, nesse período, tão difíceis quanto seus problemas com Stálin. Ele tomou extremo cuidado para não tornar isso público na época, ou mesmo sete anos depois, quando ditou o volume de suas memórias de guerra que tratava do tema. (Fez isso para agradar Eisenhower, o presidente que seria empossado e seu ex-companheiro do tempo da guerra — como veremos em um capítulo subseqüente, em vão.) Stálin tinha certo conhecimento das divergências entre Churchill e os americanos. Eventualmente, conseguiu até colocar um contra o outro, ao menos um pouco. Mas em março de 1945 a sua preocupação principal era outra: onde os seus exércitos se encontrariam com os anglo-americanos, no interior da Alemanha? Ele ficou furioso ao saber que, desde o início de fevereiro, Allen Dulles, um representante americano secreto na Suíça, estivera negociando com um general SS alemão a rendição definitiva do exército alemão na Itália aos anglo-americanos. (Stálin não estava totalmente errado: essas parlamentações eram apenas mais uma tentativa alemã de afastar anglo-americanos de russos. Elas tampouco eram realizadas sem o conhecimento de Hitler ou contra a sua vontade.) Stálin estava ainda mais preocupado com a rendição fácil e rápida de cidades e tropas alemãs aos aliados na Alemanha ocidental, ao passo que os alemães lutavam encarniçadamente em cada vilarejo na Silésia, na Prússia ou mesmo na Boêmia tcheca. Roosevelt não sabia bem como reagir às iradas acusações de Stálin, mas já não era ele quem redigia as respostas a Stálin, cujos tons eram às vezes contraditórios. A 12 de abril ele morreu. Caso houvesse muito antes evidenciado a Stálin (e ao mundo) que ele e Churchill estavam em plena conformidade acerca de temas importantes, a posição de Churchill como o principal estadista do Ocidente no final da guerra teria sido incomensuravelmente mais sólida. Mas não seria assim e, no que dizia respeito à Europa, Churchill não conseguiu o que pretendia. Os russos ocuparam Viena, Berlim, Praga. Alguns dias antes de Hitler se matar, Heinrich Himmler ofereceu a rendição incondicional do Terceiro Reich aos aliados ocidentais. Churchill rejeitou-a: a rendição devia envolver todos os aliados, inclusive a União Soviética. A reação de Stálin foi, dessa vez, efusiva, quase em excesso: "Conhecendo-o, eu não tive dúvidas de que agiria dessa maneira." Dessa vez, a vaidade de Churchill o dominou: ele ficou muito lisonjeado com as palavras de Stálin.

Mas tal entusiasmo foi efêmero. Durante aquelas semanas de vitórias e do desmoronamento do Terceiro Reich de Hitler, o estado de espírito de Churchill era melancólico — talvez mais melancólico do que em qualquer período desde maio de 1940. Sua esposa fez uma viagem à Rússia e foi recebida com muita cordialidade e boa vontade. No entanto, trechos das cartas de Churchill a ela são expressivos. (Em 2 de abril: "Neste momento, você é o único ponto luminoso nas relações anglo-russas." Em 8 de abril: "Você sabe perfeitamente como são grandes as nossas dificuldades a respeito da Polônia, Romênia e esta outra encrenca sobre pretensas negociações. Ainda pretendo perseverar, mas é muito difícil." Em 5 de maio: "Mal preciso dizer-lhe que sob esses triunfos se acham políticas perniciosas e rivalidades internacionais fatais.")* Ele compreendia, melhor do que qualquer outra pessoa, o que significava a interpretação de Stálin das declarações de Ialta: dentre elas, a ausência de qualquer sinal, ou esperança, de que Stálin permitiria sequer um governo mais ou menos livre e democrático na Polônia. Nos discursos do Dia da Vitória, Churchill preveniu o povo britânico sobre mais tribulações e desafios adiante. Ele chegou a dar instruções a Montgomery e a outros comandantes britânicos na Alemanha para recolherem as armas alemãs, mantendo-as na reserva para um eventual confronto com os russos que avançavam mais a oeste, além das zonas de ocupação que lhes haviam sido atribuídas. Dentre outros pontos, ele queria assegurar que o exército britânico se encontraria com os russos a leste do acesso à península dinamarquesa. E restava, julgava ele, um trunfo importante: o fato de que, na Alemanha central, os exércitos anglo-americanos em marcha se haviam encontrado com os russos bem a leste dos limites das zonas de ocupação

---

* Mary Soames (org.), *Speaking for Themselves: The Personal Letters of Winston and Clementine Churchill*. Londres, 1998, p.522, 530.

previamente ajustadas. Talvez — talvez — a sua retirada pudesse ser condicionada a concessões russas, mais uma vez principalmente em relação à Polônia.

Mas isso não ocorreria. Havia então um novo presidente americano, Harry Truman, que logo demonstrou coragem e firmeza de caráter, fazendo frente a Stálin, e que tinha quase o mesmo ponto de vista de Churchill, mas não totalmente. Durante os decisivos últimos meses da guerra — na verdade, ao longo da maior parte do Ano Zero, 1945 —, o governo americano, as forças armadas, o Departamento de Estado, a imprensa aplaudiram os russos, com muito poucas exceções. "Eles estão repicando os sinos", dissera Walpole sobre os seus críticos, duzentos anos antes. "Breve estarão retorcendo as mãos." Assim foi com os americanos em 1945. Na última reunião de cúpula da guerra, em Potsdam em julho, não se discutiu nada de grande importância, além de uma nebulosa aceitação do *status quo* na Europa e na Alemanha. Churchill, a essa altura, estava desgastado e cansado. Sua energia havia diminuído e também a capacidade de concentração; a atenção aos detalhes, inclusive os importantes, era lenta; ele não se preparou adequadamente antes ou durante a reunião em Potsdam — tudo isso foi notado pela sua comitiva. Stálin não acreditava que Churchill não fosse reconduzido ao cargo pelo povo, na eleição britânica de julho de 1945. Churchill também mal poderia acreditar nisso. No entanto, assim aconteceu.

Chegamos agora à última fase desse relacionamento extraordinário com Stálin, marcado pelas sonoras advertências de Churchill contra a Rússia, e pelo início da guerra fria. Ele já não era primeiro-ministro. Mas estava acompanhando a evolução dos acontecimentos. Consolou-se um pouco ao ver como o presidente Truman e o governo americano estavam, cautelosa e gradativamente, mudando de opinião sobre Stálin e a Rússia. Havia, porém, uma diferença entre a sua perspectiva e a deles. Os americanos estavam cada vez mais apreensivos com o comunismo, a expectativa de a influência e o poder de Stálin se estenderem à Europa ocidental, Itália ou França. Churchill estava preocupado com a progressiva rigidez da divisão da Europa, com a crescente imposição por parte de Stálin do seu controle total sobre a Europa oriental e o que isso significava. Posteriormente, Churchill mostrou-se à altura do convite do presidente Truman e fez o famoso discurso sobre a Cortina de Ferro em Fulton, no Missouri, em março de 1946. Logo tornou-se um dos seus discursos mais célebres e históricos. Na época, porém, a reação americana foi variada: até Truman achou que devia distanciar-se do discurso, pelo menos um pouco; seu confidente e depois secretário de Estado, Dean Acheson, o desaprovou inteiramente. Não importa: em breve ficou evidente que Churchill tinha razão. Halifax, ainda embaixador britânico em Washington, aconselhou Churchill a abrandar o tom, talvez até ir a Moscou para explicar a situação a Stálin. Não, disse Churchill, isso seria aviltante, como apresentar desculpas a Hitler, digamos, em 1938.

Isso significava que Churchill modificara completamente a sua opinião sobre Stálin? Sim e não — mais precisamente: não, mais do que sim. Ele considerava Stálin um tirano russo, interessado em resguardar firmemente os domínios conquistados na Europa oriental, enquanto os americanos o consideravam o chefe do comunismo internacional, decidido a expandir os seus domínios cada vez mais na Europa. Churchill achava que os temores eram com freqüência as causas da agressividade brutal de Stálin. Eles temem a nossa amizade tanto, senão mais, quanto a nossa inimizade, dizia Churchill de vez em quando. Em 1951, ele se tornou de novo primeiro-ministro. A guerra fria estava no auge; uma guerra era travada na Coréia; os russos tinham a sua bomba atômica; havia muitas dificuldades em outros locais. No entanto, mesmo antes de Stálin morrer, Churchill enxergava alguns sinais de mudança. Vimos que, no último dia de 1952, ele disse a Jock Colville que dentro de cerca de três décadas o comunismo desapareceria da Europa oriental. Nove semanas depois, Stálin morreu. Churchill estava convencido de que havia chegado o momento de renegociar algumas das condições da guerra fria, inclusive as condições de uma Europa dividida, com os novos, constrangidos e inseguros governantes da União Soviética. Mas isso também não sucederia.

Em suma: Churchill estava equivocado na maneira como avaliou — e tratou — Stálin? Seu temperamento romântico e sua retórica sentimental o levaram, de fato, a exageros, de vez em quando. Mas essencialmente ele não estava equivocado. Manteve ativa aquela estranha e complicada aliança no período da guerra, o que não foi fácil, já que a lealdade de Stálin aos aliados não era algo líquido e certo, sem falar na intenção de Hitler de desunir os aliados ou, pelo menos, provocar sérias perturbações entre eles. E quanto à Europa oriental: em 1944 Churchill realmente salvou a Grécia; e — ao contrário de 1915, depois de outra guerra mundial, quando outro czar russo não permitiu que existisse um Estado polonês — em 1945 havia um Estado polonês, apesar de subserviente a Moscou. A sua existência e, mais importante, o gradual desenvolvimento da independência polonesa a partir daí deveram-se em grande parte à coragem dos próprios poloneses durante a guerra e à sua determinação; mas, pelo menos em um pequeno grau, também a Winston Churchill.

3

Churchill e Roosevelt

Uma correspondência entre dois estadistas pode ocultar tanto quanto revela. Com freqüência as cartas sugerem, mais do que expõem, o relacionamento dos autores. Os três volumes de *Churchill e Roosevelt: a correspondência completa* (1984), organizados por Warren F. Kimball, são uma exceção. Eles são o registro mais completo do que pode ser a correspondência mais copiosa que já foi mantida entre os líderes de duas importantes nações — toda durante os cinco anos de uma guerra mundial em que Churchill e Roosevelt eram duas das quatro figuras principais. Não só para os povos anglófonos mas para a história do mundo, o relacionamento entre Churchill e Roosevelt foi e continua a ser no mínimo tão interessante quanto o relacionamento de cada um deles com o difícil e distante aliado Stálin. A correspondência entre Churchill e Roosevelt não é contemplativa. É uma correspondência que lida com ações, decisões, riscos e perspectivas: o registro de dois capitães* que se comunicam em meio à maior tormenta que já afligiu a civilização ocidental. Antes de a Segunda Guerra Mundial começar, Churchill e Roosevelt haviam enviado algumas mensagens distantes um ao outro. Antes de a guerra terminar, Roosevelt havia morrido. Mas du-

---

* Capitães, sim; mas em 1942 Churchill, pelo menos de quando em quando (e de brincadeira), referia-se a si mesmo como "tenente de Roosevelt".

rante a guerra — mais precisamente, entre 11 de setembro de 1939 e 11 de abril de 1945 — eles trocaram aproximadamente dois mil telegramas e cartas, dos quais Churchill escreveu 1.161 e Roosevelt, 788. Alguns foram publicados, pelo menos em parte, em *A Segunda Guerra Mundial*, a imponente combinação de história e memórias de Churchill, redigida poucos anos depois. Desde então houve outras coletâneas e seleções da correspondência entre Churchill e Roosevelt, mas na compilação exaustiva de Kimball temos algo como uma imagem quase completa: uma enorme pilha de cartas e mensagens que é um monumento da civilização dos últimos cinco séculos que ora finda — um monumento equivalente, digamos, ao Coliseu na era de Roma, ou à cidade de Paris na Era Moderna.

Um motivo para tal afirmação, aparentemente exagerada, é que não houve nenhuma correspondência remotamente semelhante entre dois grandes estadistas desde então, e a probabilidade de sua ocorrência agora é mais ou menos igual à probabilidade de alguém compor uma sinfonia como Schubert. Por muitas razões, inclusive o risco de os alemães interceptarem e reordenarem as comunicações telefônicas, os contatos de Churchill e Roosevelt eram feitos, na maioria, por escrito. Desde então uma série de mudanças, tanto culturais como tecnológicas, reduziu a necessidade e a prática dessas comunicações escritas entre estadistas. Churchill preferia ardorosamente a palavra escrita ao telefone. Isso nem sempre lhe era proveitoso. Como muitos dos grandes mestres da palavra, ele tendia a confiar em excesso na influência das suas. Ditava uma mensagem, empenhando-se ao máximo para exprimir as suas proposições com clareza e vigor, inclusive todos os argumentos e detalhes possíveis para apoiar sua tese. Depois de despender energia, zelo e precisão na exposição minuciosa das suas proposições, às vezes se seguia um arrefecimento de sua resolução — sobretudo durante os dois últimos anos da guerra, quando a resistência física e a capacidade de concentração estavam fraquejando. Do início ao fim da guerra, o próprio Churchill minutou as cartas e mensagens. Roosevelt, à medida que a guerra prosseguia e à medida que a sua saúde e energia começaram a decair, dependia da minuta de outras pessoas (sabemos os nomes de alguns dos redatores). Isso teve importância mas, com exceção de uns poucos casos, não foi uma diferença decisiva.

Em algum momento do outono de 1938 — após Munique e mais de três anos antes de Pearl Harbor —, Roosevelt começou a oferecer apoio, de forma cautelosa, individual e secreta, a algumas pessoas na Inglaterra e França que se opunham a um novo apaziguamento de Hitler. Churchill era o primeiro dentre esses homens. Durante o ano que antecedeu a deflagração da guerra, não houve comunicação escrita entre os dois homens. Entretanto Roosevelt sabia, como todos os demais, que foi devido à quantidade de advertências de Churchill sobre Hitler que Chamberlain se viu forçado a convidar Churchill para o Gabinete de Guerra, como primeiro lorde do Almirantado; e, alguns dias depois, Roosevelt enviou a primeira carta a Churchill, que respondeu animadamente a esse amistoso e importante aceno do Novo Mundo. Ele falou a Chamberlain e a Halifax, o secretário das Relações Exteriores, sobre essa correspondência especial. Eles aprovaram-na plenamente. Oito meses depois, Churchill se tornou primeiro-ministro. Ele sabia que de algum modo, em algum lugar, em algum momento, os Estados Unidos teriam de entrar na guerra ao lado da Grã-Bretanha. Roosevelt também sabia disso, embora preferisse não admiti-lo para o povo americano. Churchill sabia que Roosevelt sabia. Ante a extraordinária importância desse enfoque comum, os eventuais mal-entendidos e discordâncias entre ambos ficam em segundo plano. Sem o apoio de Roosevelt, os britânicos se veriam forçados a firmar a paz com Hitler, aceitando o domínio da Europa pela Alemanha. Enfatizo a Europa, não o Extremo Oriente, porque este era também um elemento essencial no enfoque comum de Churchill e Roosevelt. Muito antes de Pearl Harbor, Roosevelt percebeu que uma guerra contra a Alemanha devia ter prioridade sobre uma eventual guerra contra o Japão; uma derrota do segundo se seguiria à derrota da primeira. Essa decisão americana não era inevitável: havia muitas pressões internas e militares em sentido contrário. Era de máxima importância que Roosevelt estivesse de pleno acordo com Churchill quanto a isso.

Tanto Churchill quanto Roosevelt foram oficiais navais ("Ex-Oficial Naval" foi o codinome que Churchill usou na correspondência com Roosevelt durante a maior parte da guerra). Mas Roosevelt tinha uma confiança exagerada na importância do poder naval, que após quatro séculos estava começando a decrescer. Na época do colapso francês, Roosevelt tentou consolar o primeiro-ministro francês: o poder naval ainda era a chave para a guerra e a história, escreveu ele. Em 1941 ele escreveu a Churchill que "em última análise, com o correr do tempo, o controle naval do oceano Índico e do oceano Atlântico vencerá a guerra". No entanto, na Segunda Guerra Mundial um exército terrestre motorizado podia mover-se com mais rapidez do que uma frota naval. A guerra tinha de ser vencida no continente da Europa. Ela terminaria no meio da Alemanha, nas ruínas de Berlim. Alguns dias após se tornar primeiro-ministro, quando a Europa ocidental tombava sob os golpes de Hitler, Churchill compreendeu o que Roosevelt estava pensando: se o pior acontecesse, a esquadra britânica poderia navegar para o Novo Mundo e unir-se à marinha americana para proteger o Atlântico ocidental. Churchill escreveu a Roosevelt que, embora *ele* jamais fosse se render, o presidente americano devia reconhecer que, com a vitória de Hitler e sem a expectativa de ajuda americana, poderia seguir-se um governo britânico cuja única carta de valor, em um eventual armistício com Hitler, seria a existência de uma esquadra britânica intacta. Certos historiadores americanos, inclusive Kimball, têm encarado a advertência de Churchill como uma tentativa astuciosa de manter abertas as suas opções. Não: naquele momento Churchill era um supremo realista, obrigado a lembrar a Roosevelt a mais desoladora de todas as possibilidades. Pouco depois, esse mal-entendido entre eles se desfez. Devido à relutância de Hitler em arriscar uma invasão da Grã-Bretanha e devido a uma certeza maior da ajuda americana, a liderança de Churchill tornou-se segura e a perspectiva de uma Grã-Bretanha forçada a solicitar um armistício com Hitler desapareceu. Em novembro de 1940 a batalha da Inglaterra, pelo menos no ar, fora vencida e Franklin Roosevelt havia sido eleito presidente para um inaudito terceiro mandato.

Alguns dias depois dessa eleição, Churchill redigiu uma carta para Roosevelt. (Ele escreveu dois longos rascunhos antes da versão final.) A Alemanha, escreveu ele, "atingiu sua produção industrial máxima no fim de 1939". Ele estava enganado. A economia alemã realizaria milagres durante a guerra, atingindo a produção máxima quatro anos depois, apesar das centenas de milhares de bombas lançadas sobre a Alemanha pelo esmagador poderio aéreo anglo-americano. Churchill escreveu que não estava pedindo "um numeroso Exército Expedicionário americano". Se ele realmente falava a sério, não podemos saber. Provavelmente não. Ele também pensava em um futuro em que as duas democracias anglófonas governariam os destinos da maior parte do mundo — uma idéia que esposara no início da vida e que o acompanhou até o fim dos seus dias. "Se vencermos, teremos de assumir a responsabilidade máxima por uma nova ordem mundial", escreveu ele. "Se, no entanto, os nossos dois países vierem a associar-se na defesa da liberdade e ainda mais na reconstrução do mundo após a guerra, nenhum deles deve ser o cliente suplicante do outro." Todavia, foi exatamente isso que aconteceu: à medida que a guerra prosseguia, a Grã-Bretanha de Churchill se tornou cada vez mais dependente da riqueza e do poder dos Estados Unidos de Roosevelt. Além disso — segunda na ordem, mas não na importância —, havia uma condição que nem Churchill nem Roosevelt podiam prever em 1940: apesar de toda a riqueza e do predomínio aéreo e marítimo das forças anglo-americanas, elas não conseguiriam derrotar sozinhas o Terceiro Reich, sem o poderio primitivo da Rússia. Foi o ataque de Hitler à Rússia, lançado sob o pretexto e em nome do anticomunismo, que posteriormente resultou na sobrevivência da Grã-Bretanha e na vitória global dos Estados Unidos.

Churchill e Roosevelt descobriram isso depressa. É o que explica a indulgência de ambos para com as exigências russas, inclusive as impossíveis de satisfazer. Explica ainda mais o respeito e a confiança em relação a Stálin, expressos na linguagem — em retrospecto, estranhamente floreada — dos telegramas e brindes a ele. Mas as opiniões de Churchill e Roosevelt sobre Stálin divergiam. Que a Rússia compartilhasse os despojos da vitória sobre a Alemanha na

Europa era inevitável. O que não era inevitável era a extensão — a extensão, mais do que a natureza — do domínio russo sobre a maior parte da Europa oriental e sobre regiões da Europa central: em suma, as origens da guerra fria. Na sua introdução, Kimball escreve que Churchill "havia meramente substituído o mal da Alemanha nazista pelo mal da União Soviética. Independentemente de se tinha ou não razão a respeito dos soviéticos, Churchill não conseguiu compreender que o preço inevitável da vitória é o colapso das alianças do tempo de guerra, apesar da força dos laços pessoais." Isso é demasiado simples. A aliança anglo-americana *de facto* sobreviveu à guerra. Mais importante: a opinião de Churchill sobre os soviéticos e as suas propostas para tratar com eles eram mais realistas do que as de Roosevelt. A correspondência entre ambos oferece ampla comprovação disso.

Havia muitos elementos no desejo de Roosevelt de se dissociar de Churchill à medida que a guerra avançava. Roosevelt confiava em seu charme pessoal: acreditava, e afirmava, que podia lidar com Stálin melhor do que a maioria das pessoas, inclusive Churchill. Ele queria que Stálin participasse da guerra contra o Japão. Queria evitar qualquer envolvimento americano na política da Europa central e oriental. Achava que o povo americano não toleraria uma permanência prolongada de tropas americanas na Europa após a guerra. Achava que levar a Rússia de Stálin para as Nações Unidas era uma grande sorte. Algumas dessas considerações podem ter sido razoáveis na época; outras, não. Subjacentes a elas, havia tendências pessoais que se revelaram decisivas. Uma era o hábito de Roosevelt de protelar, a relutância em enfrentar determinados problemas — uma prática que às vezes atuou a seu favor na política interna, mas que se tornou cada vez mais acentuada à medida que lhe declinavam o vigor e a saúde.

O desejo crescente de Roosevelt de se distanciar de Churchill durante os últimos anos da guerra exige mais explicações. Por muito tempo, o relacionamento excepcional de ambos preponderou. A simpatia mútua talvez tenha atingido o auge em 1942 — ou seja, depois que Churchill se tornara o sócio minoritário na aliança de ambos. Eles encontraram-se pela primeira vez em navios de guerra ao largo de Terra Nova, em agosto de 1941, e de novo em Washington após Pearl Harbor. Esse segundo encontro ocorreu sob o prenúncio de calamitosas derrotas britânicas, mas de algum modo a amizade pessoal de ambos então se consolidou. Mesmo o fato de que nem Eleanor nem Elliott Roosevelt gostaram muito de Churchill nessa ocasião fez pouca diferença. Afinal, foi em 1942 que Roosevelt escreveu a Churchill: "É divertido estar na mesma década com você." E em 1942, e mesmo durante uma parte de 1943, Churchill pôde impor a sua vontade. Ele conseguiu persuadir Roosevelt e o alto comando militar americano de que a tencionada invasão da França, no final de 1942, seria uma calamidade. Um ano depois, conseguiu convencê-los de que a vitória aliada na África do Norte devia ser seguida por uma invasão da Sicília e da Itália continental. Mesmo as censuras e as propostas contrárias ao governo britânico na Índia feitas por Roosevelt não fizeram grande diferença: o presidente deixou de lado o assunto, sem que Churchill tivesse de reclamar muito a esse respeito. Mas por fim houve uma mudança — gradual mas indiscutivelmente. Na época da reunião de cúpula de Teerã, a primeira entre os Três Grandes, a mudança havia se cristalizado. Roosevelt fez o melhor — e, às vezes, o pior — possível para se distanciar de Churchill, para indicar a Stálin que não mantinha nenhum relacionamento especial com Churchill. E quando, em 1944, Churchill argumentou com Roosevelt para aproveitar a campanha na Itália e deslocar algumas das forças anglo-americanas na direção de Viena; para insistir no problema da Polônia antes que fosse demasiado tarde; para resolver algo acerca do futuro dos Estados danubianos da Europa central antes que os russos os ocupassem e controlassem; para tirar partido de uma situação quando — finalmente, na primavera de 1945 — os exércitos anglo-americanos estavam avançando pela Alemanha mais depressa do que os russos, Roosevelt negou. Antes de Ialta, Churchill escreveu a Roosevelt: "É bem possível que essa seja uma conferência decisiva, realizada em uma ocasião em que os grandes aliados se acham tão divididos e a sombra da guerra se alonga diante de nós. No presente momento, acho bem possível que o fim dessa guerra venha a ser mais decepcionante que o da última." Roosevelt não pensava assim. Ele recusou-se a conferenciar com Churchill antes de Ialta, exceto por algumas horas no porto de Malta. Ali Churchill escreveu que era "indesejável que mais da ... Europa do que o necessário fosse ocupada pelos russos". Mas Roosevelt não quis discutir isso.

No início de abril de 1945, os problemas provocados pelo comportamento russo haviam se agravado. Há um telegrama, um dos derradeiros, que Roosevelt enviou a Churchill de Warm Springs, na Geórgia, seis dias antes de morrer. Ele escreveu que estava "satisfeito com a sua [de Churchill] mensagem muito clara e enérgica a Stálin. ... Dentro de muito poucos dias nossos exércitos estarão em uma posição que nos permitirá ser mais 'duros' do que até agora pareceu conveniente para o esforço de guerra." Por muitos anos esse telegrama foi citado por defensores de Roosevelt que — especialmente durante os anos repulsivos do período McCarthy — queriam provar que, se tivesse vivido, Roosevelt teria passado a resistir à agressividade comunista tão rápida e vigorosamente quanto fez seu sucessor Harry Truman. Sabemos agora que não era assim. A mensagem foi minutada pelo almirante Leahy, pessoa da equipe do presidente que não gostava dos russos. (Ele desconfiava igualmente dos britânicos.) Existem até motivos para acreditar que Roosevelt, doente, sequer chegou a lê-la.

Churchill insistia que sua simpatia pelos Estados Unidos, a gratidão pela aliança americana, a lembrança de Franklin Roosevelt se mantinham sempre sólidas. Com inteira razão: em 1940 e depois, ele não poderia ter sido bem-sucedido por muito tempo sem o apoio de Roosevelt. Ele nunca esqueceu isso, e não somente por considerações políticas. É lamentável que muitos americanos — inclusive os Roosevelts, mas especialmente o círculo do presidente e tantos autores históricos desde então — tenham atribuído a Churchill intrigas e ardis imperialistas de que os americanos tinham de suspeitar. Na realidade, no relacionamento com Roosevelt, Churchill foi o mais franco, mais emotivo, mais romântico, menos reservado e menos desconfiado. Houve momentos em que o seu bom humor natural influenciou também Roosevelt. Evidentemente, Churchill era quem escrevia melhor. (De quando em quando, uma mensagem de Roosevelt termina com um americanismo prosaico: "Continue fazendo um bom trabalho.")

No entanto, há mais a se dizer sobre o relacionamento entre Churchill e Roosevelt do que se evidencia do volume excepcional da correspondência do período de guerra. Neste breve capítulo, tentarei meramente resumir três temas. Um é a questão de dados adicionais e sua falsificação intencional. Outro é a obra "revisionista" de determinados historiadores. Um terceiro é a minha tentativa concludente de aventar algo sobre o relacionamento pessoal desses dois estadistas — sempre lembrando que, embora a mente de um historiador possa estar equipada com o seu extenso conhecimento de dados documentais, bem como com a sua compreensão da natureza humana, tanto o conhecimento quanto a compreensão permanecem necessariamente incompletos.

Churchill e Roosevelt mantiveram muitos contatos que não ficaram registrados: conversas particulares e telefônicas. Pelo menos duas — possivelmente mais — das suas conversas telefônicas foram captadas pelo serviço de informações alemão. O Ministério dos Correios alemão montou uma estação de escuta radiotelefônica no oeste da Holanda, onde técnicos conseguiram violar o chamado circuito radiotelefônico "embaralhado", instalado entre Londres e os Estados Unidos no final de 1941, cuja segurança, apesar de considerável, não era perfeita (os britânicos sabiam disso). Uma conversa relevante entre Churchill e Roosevelt, quatro dias após a queda de Mussolini, em 29 de julho de 1943, parece haver sido gravada na íntegra: um resumo foi imediatamente transmitido ao alto comando alemão, assim como a Hitler. Existe uma reprodução impressa desse resumo. Todavia, não consegui adquirir uma cópia da transcrição inteira, embora tenha feito um sem-número de tentativas na Alemanha e na Inglaterra. A razão do meu interesse era a minha suspeita — que depois se consolidou em convicção — de que essa versão impressa e publicada da conversa é uma falsificação. Ela foi impressa em um curioso volume que contém supostos interrogatórios e depoimentos de Heinrich Müller, o chefe da Gestapo, que (com a provável conivência de Allen Dulles) foi levado secretamente para os Estados Unidos em 1948 e interrogado pelos serviços secretos americanos. Posteriormente ele morreu e foi enterrado em segredo nos Estados Unidos. Isso é bastante interessante, mas o seu exame aprofundado não se encaixa no âmbito deste livro. Pertinentes a ele são alguns dos documentos que Müller afirmou haver levado consigo, inclusive a mencionada conversa telefônica entre Churchill e Roosevelt, reimpressa em um volume* organizado por "Gregory Douglas" (possivelmente um pseudônimo). Minha leitura atenta desse documento sugeriu, desde o início, que era uma hábil invenção. (Um exemplo das minhas suspeitas originais: Churchill chamar muitas vezes Roosevelt de "Franklin", ao contrário do seu hábito). Minhas dúvidas foram depois comprovadas por pessoas que conheciam Churchill intimamente, inclusive uma confirmação integral e minuciosa de uma inglesa, uma "censora" telefônica, cuja tarefa havia sido ouvir esses contatos telefônicos e que tinha autoridade para interrompê-los em momentos críticos quando, por exemplo, estavam em pauta assuntos de extrema segurança, com o propósito de prevenir os que conversavam.

Existem outras hábeis falsificações envolvendo Hitler — na maioria dos casos, atribuindo-lhe declarações que são contrárias às opiniões aceitas ou outras que sugerem previsões ou profecias assombrosas de sua parte. Elas são hábeis porque com freqüência dão a impresão de autenticidade: contêm elementos inseridos para elevar a reputação póstuma de Hitler, com freqüência cuidadosamente elaborados por pessoas sagazes. Quando se trata de Churchill, os objetivos e métodos são semelhantes, mas em um sentido negativo: a "prova" se destina a denegrir a sua reputação (e, pelo menos indiretamente, a reabilitar a de Hitler). Esse é tanto o objetivo quanto o método de David Irving, "revisionista" *primus inter pares*, mas alguém que, pelo menos até agora, ficou desacreditado a ponto de não devermos levá-lo a sério. No entanto, devemos ter em mente que existe revisionismo e revisionismo: que a história é revisionista por sua própria natureza; que não existe algo como história ortodo-

---

* Gregory Douglas (org.), *Gestapo Chief: The 1948 Interrogation of Heinrich Müller*. San Jose, Califórnia, 1995, p.56-62.

xa, história incontestável, história imutável, inalterável, fixada para sempre. A revisão da história não deve ser o monopólio efêmero de ideólogos ou oportunistas que estão sempre prontos a deturpar, adulterar ou falsificar dados do passado para ilustrar determinadas idéias e os seus próprios ajustamentos a elas. Escrevo isto porque uma reconstituição e interpretação autorizadas do relacionamento entre Churchill e Roosevelt talvez ainda seja devida, e talvez especialmente da perspectiva do século XXI. Afinal, essa relação foi apenas parte de um tema muito amplo, que é a aliança e o relacionamento especial anglo-americano durante o século XX, algo que ainda persiste aqui e ali, mas que está fadado a se tornar problemático, mais cedo ou mais tarde, devido a outra ampla questão, que é — e será — o relacionamento da Grã-Bretanha com a Europa.

Churchill estava espantosamente certo a respeito de Hitler. Estava igualmente certo a respeito do comunismo e de Stálin. No primeiro caso, ele conseguiu transformar seus planos em atos. No segundo — devido a seus embaraços, mas também devido à relutância americana —, apenas parcialmente. Isso tinha muito a ver com a diferença entre as maneiras de Churchill e Franklin Roosevelt encararem a história. Foi uma bênção eles concordarem que o desígnio fundamental da guerra era a derrota do Terceiro Reich de Hitler. (Lembre-se que muitos dos adversários americanos de Roosevelt não concordavam: eles acreditavam que o comunismo era um perigo muito maior que o nacional-socialismo e a Rússia um perigo maior que a Alemanha.) Mas considere-se também que Roosevelt via os Estados Unidos no meio: no meio não só entre esses dois potenciais adversários, a Grã-Bretanha de Churchill e a Rússia de Stálin, mas no meio da evolução progressiva da história — a posição histórica dos Estados Unidos de se achar no meio entre a velha Inglaterra tóri e a tosca experiência pioneira da União Soviética. (Um exemplo, o discurso de Roosevelt em 1944: "As grandes repúblicas, americana e soviética, postadas ombro a ombro, cada uma a sentinela no seu hemisfério, garantirão juntas a paz e a ordem do mundo.") A opinião de Churchill sobre a União Soviética era muito diferente: um império poderoso mas retrógrado, com a história, a estrutura, a civilização e a mentalidade bem aquém daquelas do mundo ocidental — de qualquer modo, inadequado em um projeto de progresso evolucionário tal como entendido por Roosevelt (e por muitos americanos) durante a guerra.

Isso, receio eu, foi tratado — e compreendido — de maneira insuficiente por pelo menos dois historiadores do relacionamento entre Churchill e Roosevelt, os professores Warren F. Kimball (um americano) e John Charmley (um inglês). A reunião e reprodução rigorosas dos três volumes da correspondência entre Churchill e Roosevelt realizadas por Kimball são louváveis, mas os seus comentários não o são. Os volumes estão comprometidos pelas "notas introdutórias" de Kimball, que apresentam muitos dos documentos. Elas contêm muitas dezenas de erros, mas também más interpretações e atribuições de pensamentos e tendências a Churchill que são errôneas. Um exemplo (há muitos outros), que me senti obrigado a mencionar em *Cinco dias em Londres*, é o comentário de Kimball sobre a mensagem de Churchill a Roosevelt no momento dramático da queda da França, em 14-15 de junho de 1940. Segundo Kimball, Churchill, "aflito ... julgou necessário advertir Roosevelt de que não se podia esperar que a Grã-Bretanha continuasse a lutar sozinha, sem nenhuma esperança real de intervenção militar americana. Sua ameaça de que um governo pró-alemão pudesse substituir o seu Ministério foi a primeira e uma das muito poucas vezes em que Churchill se desviou da costumeira estratégia de enfatizar a disposição da Grã-Bretanha de lutar até a morte." Isso não foi dito pela primeira vez; não era uma ameaça, mas uma advertência de algo que era preciso ter em mente; não era uma "estratégia" e não representava um "desvio" de Churchill. Charmley escreveu vários livros com críticas a Churchill. Não compete a este capítulo uma análise da sua historiografia, mas devemos considerar um elemento básico na argumentação de Charmley, que é o de que o erro mais grave de Churchill foi a sua "rendição" dócil, e muitas vezes leviana, aos Estados Unidos. Recentemente Charmley escreveu que, na Segunda Guerra Mundial, "os britânicos estavam lutando ... para preservar o império de Vitória e os valores que ele representava e estimava".[*] Entretanto, o povo britânico e a maioria dos seus líderes haviam abandonado os modelos e ideais imperialistas vitorianos bem antes de 1939. Em um capítulo posterior, voltarei brevemente à descrição de Charmley do historiador Churchill ("um mitólogo com [grande] capacidade e habilidade"). Aqui talvez seja suficiente afirmar que a sua atribuição de egoísmo e extorsionismo americano durante a guerra é desequilibrada e exagerada, como é a atribuição dissimulada do seu confrade americano Kimball de imperialismo interesseiro a Churchill.

Algumas observações finais sobre Churchill e os Estados Unidos e, depois, sobre ele e Roosevelt. Escrevi anteriormente que Churchill, impelido por muitos motivos e impulsos, acreditou durante quase toda a sua vida na suprema importância de um relacionamento cada vez mais estreito entre esses dois importantes povos anglófonos. Devemos abrandar isso. Houve exceções. Ele não dava muito valor a Woodrow Wilson e muitas vezes fez críticas aos americanos, bem como a suas políticas e idéias após a Primeira Guerra Mundial. A decisão de restabelecer o padrão-ouro para a libra estava muito ligada ao seu desejo de ver restabelecida a antiga taxa de câmbio da libra para com o dólar. Ele era também contrário a uma equivalência naval britânica com os americanos, de 1918 praticamente até 1935. Em junho de 1927, ele disse: "Parece presumir-se sempre que é nosso dever condescender com os Estados Unidos e atender a sua vaidade. Eles nada fazem por nós em troca, exceto exigir seu último naco de carne."[**] Em certa ocasião, ele chamou Calvin Coolidge de "um matuto da Nova Inglaterra" que mergulharia e definharia em uma obscuridade que bem merecia; em outra ocasião, chamou Herbert Hoover de filho da puta. Tampouco o

---

* John Charmley, "Churchill and the American Alliance", in *Churchill and the Twenty-First Century: A Conference Held at the Institute of Historical Research, University of London, 11-13 January 2001, Transactions of the Royal Historical Society*, série 6, vol.XI. Londres, 2001, p.358.

** Citado por Phillips O'Brien em "Churchill and the U.S. Navy 1919-29", in R.A.C. Parker (org.), *Winston Churchill: Studies in Statesmanship*. Londres, 1995.

relacionamento de Churchill com Roosevelt teve um início tranqüilo. Eles haviam de fato se encontrado uma vez em 1919, quando Roosevelt era subsecretário da marinha. Roosevelt lembrou-se disso em 1940, enquanto Churchill pareceu não se lembrar. Os primeiros comentários de Roosevelt sobre a notícia de que Churchill se tornara o primeiro-ministro não foram lisonjeiros. Algumas pessoas próximas de Roosevelt acharam que Churchill era velho demais; que estava bebendo demais; já outros (como a sra. Roosevelt) que ele era reacionário e imperialista. Logo grande parte disso se desfez. Durante muito tempo, porém, a sra. Roosevelt continuou a suspeitar de Churchill e de sua visão da política mundial. Isso é digno de nota porque, apesar dos problemas em seu casamento, Franklin Roosevelt era, pelo menos em pequeno grau, influenciado pelas opiniões da esposa sobre o mundo durante toda a guerra. Roosevelt tinha também certa inveja e menosprezo pela vivacidade mental e habilidade retórica de Churchill. Ao mesmo tempo, as defesas e exortações anticolonialistas, isto é, a favor da Índia e da China, feitas por Roosevelt não eram tão arraigadas quanto alguns historiadores, nesse caso especialmente Kimball e Charmley, as julgaram.* Foi em relação à Rússia e à Europa após a guerra que as opiniões de Churchill e Roosevelt divergiram consideravelmente, embora com freqüência Churchill procurasse não enfatizá-las excessivamente, nem mesmo depois da guerra. Mas o que foi e continua a ser o mais importante: Roosevelt compreendeu em 1940 que Churchill era o homem que não cederia a Hitler e não perderia a guerra — ao passo que Churchill reconheceu que, se não fosse Roosevelt mas alguém como Hoover a ter ocupado a Casa Branca em 1940, Hitler teria vencido a guerra.

---

* Cf. o excelente estudo de Christopher G. Thorne, *Allies of a Kind: The United States, Britain, and the War Against Japan, 1941-1945*. Londres, 1978.

4

Churchill e Eisenhower

Houve divergências entre Winston Churchill e Dwight David Eisenhower durante o último ano da Segunda Guerra. Houve divergências mais sérias entre eles durante os anos do auge da guerra fria. O relacionamento entre ambos durante a Segunda Guerra foi descrito por muitos historiadores militares; durante a guerra fria, por relativamente poucos. Isso é lamentável, pois existe uma simetria drástica entre esses dois períodos. Em 1944-45 Eisenhower se opôs às preconizações estratégicas de Churchill, que considerava controversas e perigosamente anti-russas. Oito anos depois, a visão de mundo de Eisenhower se tornara exatamente oposta: ele considerava as propostas de Churchill controversas e perigosamente pró-russas.

A maior parte dos biógrafos de Eisenhower sustenta que em 1945 ele se opôs a Churchill devido a razões militares (inclusive o episódio extraordinário quando, no final de março de 1945, Eisenhower se incumbiu de desconsiderar Churchill e escreveu uma carta pessoal a Stálin, garantindo-lhe que os exércitos aliados, que investiam pelo interior da Alemanha, não avançariam em direção a Berlim ou Praga). Havia, porém, muito mais do que prudência militar nos cálculos de Eisenhower. Em 1945 ele estava em plena conformidade com o que considerava o clima de opinião predominante em Washington — como estaria, em 1952 e depois, em plena conformidade com um diferente clima de opinião em Washington.

Essa, afirmo, foi a razão da sua oposição a Churchill em ambas as ocasiões.

Em 1945 nem Churchill nem Eisenhower poderiam saber que, menos de oito anos depois, a Providência lhes permitiria novamente se verem nos centros do poder, em Londres e em Washington, e que esta circunstância, à primeira vista, favorável revelaria um novo tipo de diferença profunda nas suas visões de mundo. As comprovações dessas divergências são surpreendentes. Elas incluem a correspondência publicada de ambos em 1953-55.* Elas revelam a existência de uma oportunidade histórica perdida, pelo menos potencialmente: a tentativa de Churchill de reduzir as tensões da guerra fria, mediante o estabelecimento de algum tipo de contato com a então nova e insegura liderança russa, a fim de abrandar ou retificar a divisão da Europa. Elas revelam também graves falhas no discernimento e no caráter de Eisenhower. Em nenhuma das suas numerosas biografias há uma descrição sólida de como e por que esse militar aparentemente simples (embora, na realidade, complexo e calculista), de reputação serena e liberal, abandonou as opiniões pró-russas e, às vezes, pró-democráticas para se tornar um anticomunista inflexível, um republicano e, por fim, até um pretenso "conservador". Mas afinal a conversão de Eisenhower apenas correspondeu à conversão de grande parte da opinião pública americana e a uma revolução nas atitudes políticas americanas, que começou em 1947 e, daí em diante, se desenvolveu depressa. Em 1948, Eisenhower ainda foi aventado para a indicação presidencial democrata; quatro anos depois, ele se declarou republicano e anticomunista (e, durante a campanha, um religioso praticante — pela primeira vez na sua vida adulta).

Em 1951 Churchill voltou a ser primeiro-ministro. As lembranças, assim como a confiança, no relacionamento especial e na aliança de guerra britânico-americana eram muito mais fortes do que qualquer sentimento de rancor que ele houvesse alimentado devido

---

* Os excertos citados das cartas de ambos são de Peter G. Boyle (org.), *The Churchill-Eisenhower Correspondence, 1953-1955*. Chapel Hill, N.C., 1990.

às dissensões de 1944-45 com Eisenhower. Ele as atribuía à inexperiência política de Eisenhower na época. Churchill preferira o Partido Democrático ao Republicano. Desconfiava dos muitos isolacionistas, com freqüência antibritânicos, dentre os republicanos, mas se consolou ao ver seu companheiro do período de guerra, um internacionalista republicano, eleito para a presidência. Breve viria a decepcionar-se.

Por coincidência, o último volume de *Segunda Guerra Mundial*, de Churchill, abordando os anos 1944-45, estava para ser publicado em 1953. Nesse sexto volume, *Triunfo e tragédia*, Churchill se empenhou para minimizar as suas consideráveis divergências com Eisenhower em 1945. Ele escreveu a Eisenhower em 9 de abril de 1953: "Mas, agora que o senhor assumiu o cargo político supremo no seu país, estou muito preocupado em que não seja publicado nada que a outros possa parecer ameaçador para as nossas relações atuais em nossas funções públicas nem prejudicial à afinidade e ao entendimento que existem entre os nossos países. Por esse motivo, reexaminei o livro nos últimos meses e esmerei-me em assegurar que não contenha nada que pudesse dar a entender que, naquela época, houvesse alguma controvérsia ou falta de confiança entre nós."

Churchill desejava restabelecer uma relação de trabalho favorável com o antigo parceiro do período de guerra. Ele estava apreensivo com a escolha por Eisenhower de John Foster Dulles como secretário de Estado. (Este era o John Foster Dulles que em junho de 1940, quando Paris havia caído e a Grã-Bretanha ficara sozinha, opôs-se a qualquer compromisso americano com a Grã-Bretanha contra a Alemanha de Hitler.)

Em janeiro de 1953, antes da posse de Eisenhower, Churchill foi a Nova York. Ele disse a Eisenhower que estava considerando a possibilidade de um encontro com Stálin. Ele estava a par de determinados sinais no Leste. No dia de ano novo em 1953 seu secretário, John Colville, anotou dois comentários singulares de Churchill, um dos quais eu já citei: "Churchill disse que, se a minha vida tivesse a duração normal, eu seguramente veria a Europa oriental livre do comunismo. ... Por fim, lamentou que, em virtude de Eisenhower haver chegado à presidência, precisasse suprimir grande parte do volume VI de sua História da Guerra e não pudesse contar como os Estados Unidos, para agradar a Rússia, cederam vastas extensões da Europa que haviam ocupado e como [os americanos] então desconfiavam de seus apelos para terem cautela."*

O que Churchill não sabia era até que ponto o seu antigo companheiro estava de novo propenso a desconfianças — em parte devido a sua ideologia recém-adquirida e pessoalmente satisfatória, em parte por causa da sua relutância em desagradar o sentimento popular americano, que por volta dessa época estava atingindo culminâncias de histeria anticomunista. Estadista que era, Churchill provavelmente não compreendia o quanto Eisenhower era político, característica que alguns dos biógrafos recentes de Eisenhower têm exaltado como se fosse idêntica à habilidade do estadista.

Em 5 de março de 1953, seis semanas depois da posse de Eisenhower, Stálin morreu. Multiplicaram-se informações sobre a insegurança dos novos líderes russos e a tendência a reconsiderarem algumas das suas relações com o Ocidente. Seis dias depois, Churchill escreveu a Eisenhower. Lembrou-lhe que "eu tinha plena liberdade de ir ao encontro de Stálin se julgasse conveniente e que o senhor interpretou isso como significando que o senhor não queria que fôssemos juntos, mas agora quando não há mais Stálin ... eu tenho a impressão de que nós dois, reunidos ou separadamente, poderíamos ser chamados a prestar contas se não se fizesse nenhuma tentativa de virar uma folha, para que se iniciasse uma nova página que contivesse algo mais coerente do que uma série de incidentes triviais ou perigosos nos muitos pontos de contato entre as duas divisões do mundo. Não tenho dúvidas de que está pensando profundamente sobre esse assunto, que ocupa o primeiro lugar nos meus pensamentos."

Eisenhower não parecia pensar muito sobre isso. Ele não via diferença alguma sem Stálin. "Tendo a duvidar da sensatez" de tal encontro, respondeu ele, "já que daria ao nosso adversário o mesmo

---

* John Colville. *The Fringes of Power: 10 Downing Street Diaries, 1939-1955.* Nova York, 1985. p.658.

tipo de oportunidade que ele muitas vezes teve ... para fazer do mesmo acontecimento ... outra fábrica de propaganda para o Soviete." Em 5 de abril, Churchill concordou que "temos de permanecer vigilantemente alertas" e continuar os rearmamentos defensivos, mas acrescentou que "nós achamos, como tenho certeza de que o senhor também acha, que não devemos perder nenhuma oportunidade de descobrir até que ponto o regime Malenkov está disposto a chegar para abrandar a situação em todas as partes." Ele reforçou isso com duas mensagens. Em 11 de abril: "Creio que neste momento o tempo está do nosso lado." Em 12 de abril: "Seria pena se uma geada imprevista crestasse a primavera em botão. ... Não seria conveniente combinar as reafirmações das suas e nossas resoluções inflexíveis com uma equilibradora expressão de esperança de que tenhamos principiado uma nova era?"

A réplica de Eisenhower foi uma breve rejeição. Churchill ficou um tanto impaciente. Em 21 de abril, ele escreveu: "Se nada pode ser acordado, terei de considerar a sério um contato pessoal. Em Nova York o senhor me disse que não teria nenhuma objeção a isso. Eu ficaria grato se me informasse como essas coisas se estão configurando a seu ver." Eisenhower respondeu em 25 de abril: "Penso que não devemos precipitar demais as coisas. ... Uma ação prematura nossa nesse sentido poderia ter o efeito de proporcionar aos soviéticos uma saída fácil da posição em que penso que estão agora colocados." A essa altura, era óbvio que Eisenhower era não só influenciado mas guiado por John Foster Dulles (cuja "carantonha" Churchill execrava em particular). No entanto, desejando demonstrar lealdade a Eisenhower, Churchill lhe enviou seu rascunho de uma carta a Molotov, ainda o ministro russo das Relações Exteriores. Eisenhower rejeitou-a. "Foster e eu a examinamos a fundo. ... Nós a desaconselharíamos. Há de me perdoar, eu sei, se manifesto um pouco de espanto por o senhor julgar apropriado recomendar Moscou a Molotov como um local de encontro adequado. ... Decerto nada do que o governo soviético fez nesse meio tempo tenderia a persuadir-me de outro modo."

Churchill respondeu dois dias depois. "Não temo a 'peregrinação solitária' se tiver íntima certeza de que ela possa ajudar a promover a causa da paz e, mesmo na pior das hipóteses, pode no máximo prejudicar a minha reputação. ... Tenho uma forte convicção de que o interesse próprio será o guia dos soviéticos." Em vista da oposição de Eisenhower, Churchill não persistiu em buscar por ora um encontro com os russos. Mas no discurso de 11 de maio na Câmara dos Comuns — iria ser o último dos seus grandes discursos históricos — falou sobre sua esperança de alcançar alguma espécie de conciliação com os novos líderes da Rússia. Eisenhower e Dulles não lhe deram atenção. Em particular, Eisenhower continuava a referir-se a Churchill como "senil".

Churchill contava encontrar-se com Eisenhower nas Bermudas. A reunião teve de ser adiada porque, em 23 de junho, Churchill teve um pequeno derrame. Mas a sua atenção aos incidentes americanos permaneceu aguçada. Ele estava a par da onda crescente do macartismo. Em 1º de julho o senador Alexander Wiley, presidente republicano da Comissão do Senado sobre Relações Exteriores, disse que poderia haver uma mudança russa de política, mas "isso se deve somente ao medo dentre os trêmulos remanescentes de bandidos e delinqüentes que se encolhem no Kremlin". Churchill desaprovava essas avaliações. "Não tenho mais intenção do que tive ... em 1945 de ser enganado pelos russos."

A conferência de Bermudas foi então marcada para o final de novembro. Sua data exata dependia de "Foster". Eisenhower enviou uma mensagem em 10 de outubro: "Foster viajou no fim de semana mas, assim que se fizer contato com ele, o senhor receberá mais notícias nossas." "Foster" então aparecia em quase todas as mensagens, longas ou breves, importantes ou ligeiras, que "Ike" ou "Ike E." enviava a "Winston". Em 7 de novembro: "Foster só voltará a Washington na tarde de domingo, 8 de novembro, o mais cedo." Churchill teria de esperar. "Isso me dará a oportunidade de trocar idéias com Foster." No dia seguinte, Eisenhower enfim concordou com uma data para as Bermudas "porque isso permitirá que Foster vá comigo". Churchill ficou aliviado quando uma data foi marcada. "Ainda assim", escreveu ele, "eu estou, como disse da última vez no Parlamento, esperando que possamos construir pontes, e não barreiras." Nas Bermudas, Dulles prevaleceu. Não haveria um encontro de alto nível com os russos, apenas um encontro de ministros das Relações Exteriores sobre os temas da Alemanha e Áustria.

No início de 1954, Churchill reconhecia que os seus esforços para convencer Eisenhower eram praticamente inúteis. A linguagem de Eisenhower na mensagem de 9 de fevereiro de 1954 a Churchill era reveladora. Proclamando "o festim de propaganda que o inimigo desfruta à nossa custa", Eisenhower mencionou a necessidade de "repelir a ameaça russa e permitir que a civilização, tal como a conhecemos, continue a sua marcha. ... A menos que [nós] sejamos bem-sucedidos ..., não haverá história alguma, tal como a conhecemos. Haverá somente uma versão inventada, forjada pelos conquistadores comunistas do mundo." Essa era a linguagem e a visão de mundo dos macarthistas da época (e dos "conservadores" americanos e dos "neoconservadores" desde então).

No final de junho de 1954 Churchill, com 79 anos, foi a Washington. Ele parecia cansado. A visita coincidiu com o auge da crise das audiências do exército e de McCarthy. A princípio Eisenhower concordou a contragosto com a proposta de Churchill para uma reunião de cúpula, mas depois mudou de idéia. Então Churchill juntou forças. Na viagem de volta a bordo do *Queen Mary*, redigiu e enviou uma mensagem a Molotov, propondo um encontro, com ou sem o presidente americano. Molotov respondeu imediata e afirmativamente. Churchill enviou as cartas a Eisenhower.

"O senhor não perdeu tempo", reagiu um Eisenhower claramente irritado. "Quando partiu daqui, eu pensei, de forma obviamente errônea, que estivesse indeciso sobre esse assunto. ... Evidentemente, terei de me pronunciar quando o seu plano for publicamente anunciado. Espero que possa participar-me de antemão. ... Provavelmente direi algo no sentido de que, enquanto o senhor esteve aqui, foi discutida a possibilidade de um Encontro dos Três Grandes; que eu não consegui ver como isso poderia concorrer para uma finalidade útil neste momento; que eu disse que, se o senhor se encarregasse dessa missão, seu plano seria acompanhado das nossas esperanças para o melhor, mas não implicaria nossa responsabilidade." Ele prosseguiu com um tom que era, pelo menos em um sentido, acusatório: "O fato de a sua mensagem a Moscou haver sido enviada tão prontamente após a sua partida daqui é capaz de dar uma impressão mais forte do que as suas palavras acauteladoras de que, de certo modo, o seu plano foi acertado no nosso encontro. ... Quanto ao conteúdo da mensagem de Molotov relatada no seu cabograma, só posso observar que deve ser quase exatamente o que o senhor teria esperado nas circunstâncias."

Churchill respondeu de pronto. "Deixei claro para Molotov que o senhor não estava de forma alguma comprometido. ... Muito tempo já foi perdido desde o meu telegrama para o senhor, de 4 de maio de 1953. ... Nunca me desviei, nos quatorze meses que se passaram, da minha convicção de que a situação do mundo não seria piorada e talvez fosse melhorada pelo contato direto com a Rússia que sucedeu a era Stálin. ... Achei que a resposta de Molotov foi mais cordial e receptiva do que eu havia esperado, ao que era, afinal, apenas uma indagação pessoal e reservada. ... Fiquei impressionado pelo fato de eles não sugerirem um encontro em Moscou, mas respeitarem o meu desejo de deixar a data e o local inteiramente por marcar." (Mais adiante nessa carta, Churchill escreveu: "Minha esperança é que um crescente distanciamento da Rússia das ambições chinesas possa ser uma possibilidade e algo que não devemos desprezar.")

Eisenhower não cedeu. Achava que não estava enganado "na minha conclusão de que os homens no Kremlin não merecem confiança". Churchill escreveu-lhe imediatamente: "Aceito total responsabilidade, pois não posso acreditar que os meus parentes americanos serão unânimes em acreditar que sou antiamericano ou pró-comunista." Em 12 de julho, Eisenhower voltou à "sua tencionada viagem". Escreveu que os americanos julgariam a tentativa de Churchill de se encontrar com os russos, "como Hoover supostamente disse sobre o proibicionismo, 'uma nobre experiência'". Há nessa expressão um toque de impertinência. E Eisenhower foi adiante. Ele passou a examinar os motivos de Churchill. Em 22 de julho, escreveu: "Estou convicto de que o senhor deve ter um desejo muito profundo e compreensível de fazer algo especial e complementar, no seu período restante de serviço ativo. ... Tenho certeza de que alguma cogitação da sua mente consciente ou inconsciente deve ser responsável pelo seu desejo de se encontrar com Malenkov." (Isso foi dirigido ao Churchill que, poucos meses antes, afirmara estar disposto a conversar com os russos mesmo sob o risco de "prejudicar a minha reputação".) Em seguida, o psicanalista Eisenhower reverteu ao ideólogo Eisenhower, declarando "minha absoluta falta de confiança na fidedignidade e integridade dos homens no Kremlin". Sem se apressar, Churchill respondeu em 8 de agosto: "Não estou procurando uma forma de fazer uma saída teatral nem de encontrar uma cortina adequada", escreveu ele. "Estou convencido, porém, de que o método atual de estabelecer as relações entre os dois lados do mundo, por intermédio de infindáveis discussões entre Ministérios de Relações Exteriores, não produzirá nenhum resultado decisivo. ... Mesmo o poder da Grã-Bretanha sendo tão menor do que o dos Estados Unidos, eu sinto, não obstante a velhice, uma responsabilidade e determinação para usar qualquer influência que eu ainda possa ter para buscar, senão uma solução, ao menos um alívio. Mesmo que não se obtenha nada sólido ou decisivo, não é preciso causar nenhum mal."

Mas então o ritmo dos contatos diminuiu; e Churchill estava se preparando para a aposentadoria. Em 7 de dezembro, ele escreveu: "Ainda tenho esperança de que possamos chegar a uma reunião de alto escalão com o novo regime na Rússia e que tanto o senhor quanto eu possamos estar presentes." Eisenhower replicou: "Não creio que uma reunião de alto escalão seja algo que eu possa anotar na minha agenda para qualquer data previsível." Por fim, tal encontro — a primeira reunião de cúpula da guerra fria — ocorreria em Genebra, em junho de 1955. Foi uma reunião inconcludente e inútil.

As expectativas de Churchill acerca de um encontro com os russos em 1953 e 1954 podem ou não ter sido exageradas. Mas ele não se equivocou muitas vezes acerca dos russos. Em 1944 e 1945 esteve à frente de muitos americanos, inclusive Eisenhower, na estimativa dos perigos do avanço russo para a Europa. De 1952 a 1955, ele esteve à frente de Eisenhower, e de todos os partidários da guerra fria, na estimativa da inevitabilidade dos recuos russos.* De fato, em 1955 alguns desses recuos haviam começado. Os russos retiraram-se da Áustria, em troca de uma remoção correspondente de tropas ocidentais e de um tratado oficial que garantisse a neutralidade austríaca; eles abandonaram as bases navais na Finlândia; Kruchev estava prestes a fazer uma visita arrependida a Tito, o inimigo de Stálin, na Iugoslávia. Bem antes disso, Churchill se convencera de que o encanto da ideologia comunista se debilitara e que o inchado império soviético na Europa oriental não duraria.

A correspondência de 1953-55 entre Churchill e Eisenhower fornece fartas indicações para a necessidade de se rever a recente moda de aprovação acadêmica da habilidade de estadista de Eisenhower. Uma frase na última carta de Eisenhower a Churchill, em 1955, deveria bastar para demonstrar isso: "O ímpeto comunista sobre o mundo desde a Segunda Guerra Mundial tem sido muito mais rápido e muito mais implacável do que o ímpeto dos ditadores na década de 1930." Ele escreveu isso em 29 de março de 1955, quando já haviam sido anunciadas as retiradas russas da Áustria e

---

* Henry Luce, proprietário e diretor de *Time-Life-Fortune*, cooperou para a candidatura e eleição de Eisenhower como presidente. Em 1944-45, *Time* e *Life* fizeram críticas severas à intervenção anticomunista de Churchill na Grécia. Oito anos depois, em *Triunfo e tragédia*, Churchill escreveu modestamente: "Se os diretores desses bem-intencionados periódicos revirem o que escreveram na época e compararem-no com o que pensam atualmente, tenho certeza de que ficarão admirados." Na publicação seriada de *Triunfo e tragédia* pela *Life*, em 1953, essa frase foi omitida. Em 1946, *Life* escreveu cautelosamente sobre as advertências de Churchill em relação à Cortina de Ferro, em Fulton; *Time* apresentou Churchill como se estivesse um tanto ébrio: "Engoliu cinco uísques com soda ... remexia o discurso. ... O criado passou-lhe furtivamente um gole de conhaque para fortalecê-lo" (*Time*, 18.03.1946). Oito anos depois, *Time* apresentou-o como se estivesse caduco: "Agitando os braços grossos para dar ênfase ... Ele não assimilara a lição de Berlim ... Sua explosão de nostalgia ... ." Em uma coluna de menos de quinhentas palavras, os adjetivos "velho", "mais velho", "senil", "senescente" e "nostálgico" ocorreram nove vezes (*Time*, 08.03.1954).

da Finlândia; quando os russos reconheceram o governo da Alemanha ocidental sem exigir que as potências ocidentais reconhecessem o governo da Alemanha oriental; quando já haviam os primeiros sinais de uma grave cisão entre a Rússia e a China; quase dois anos depois da primeira revolta popular em Berlim oriental e um ano antes de as sublevações na Polônia e na Hungria justificarem a convicção de Churchill sobre a "indigestibilidade" dos domínios russos na Europa oriental.

Na sua introdução à correspondência entre Churchill e Eisenhower, Boyle, professor de história americana na Universidade de Nottingham, enfatiza o tom cordial da maioria dessas cartas. No entanto, a leitura delas não justifica a sua conclusão de que "muitas das longas cartas a Churchill fornecem dados concludentes para repudiar a opinião de que Eisenhower era um presidente fraco e desinformado, que delegava responsabilidade a pessoas como John Foster Dulles." Elas não fornecem tais dados. Os dados concludentes das cartas são sobre um homem obstinadamente presunçoso com a sua recém-adquirida visão ideológica do mundo e extraordinariamente dependente do conselho e da influência, com freqüência equivocados e às vezes até sinistros, de John Foster Dulles.

Dispomos de algumas frases dispersas que mostram o desdém de Churchill por Dulles. Expressivas são as registradas por lorde Moran, o médico particular de Churchill, na noite de 7 de dezembro de 1953, depois de mais uma reunião com Eisenhower, nas Bermudas:

> — Parece que tudo é deixado para Dulles. Dá a impressão de que o presidente não passa de um boneco de ventríloquo.
>
> Por algum tempo ele não disse mais nada. Depois falou:
>
> — Esse sujeito prega como um ministro metodista e o seu maldito tema é sempre o mesmo. Que somente o mal pode resultar de um encontro com Malenkov.
>
> Fez-se uma longa pausa.
>
> — Dulles é um tremendo empecilho. (Sua voz elevou-se.) Dez anos atrás eu poderia ter lidado com ele. Mesmo como as coisas estão, eu não fui derrotado por esse canalha. Fui humilhado pelo meu pró-

prio declínio. Ah, não, Charles, você fez tudo o que podia ser feito para as coisas irem mais devagar.

Quando me virei, ele estava chorando.*

Uma extrema tristeza exala dessas palavras. Nelas assenta a atitude do autoconhecimento de um velho. Churchill estava extenuado e deprimido. A esse respeito, seu recente biógrafo Roy Jenkins está enganado, ao escrever que Churchill "parecia curiosamente imperturbado pela demonstração [por parte de Eisenhower e de Dulles] de insensibilidade que raiava a rudeza". "Imperturbado" ele não estava. Mas já não podia influenciar esses americanos e esse não foi o primeiro caso assim.

Devemos, porém, concluir a narrativa da Última Tentativa de Churchill. Seu desejo — e discernimento — de buscar algum tipo de acomodação com a Rússia vinha de muito tempo. Ao contrário dos americanos e de muitos outros no mundo ocidental, ele compreendia que os russos eram tanto fracos como fortes. Sua tendência a apaziguá-los existiu mesmo nos últimos anos da vida de Stálin. Já em fevereiro de 1950, Churchill falou em Edimburgo, sugerindo a conveniência de uma negociação na "reunião de cúpula" (foi essa a sua expressão), "um esforço supremo para transpor o abismo entre os dois mundos, de modo que cada um possa viver a sua vida ... sem os ódios da guerra fria". Em dezembro de 1950 ele escreveu a Eisenhower (que ainda não era candidato à presidência): "O apaziguamento a partir da fraqueza e do medo é ... fatal. O apaziguamento a partir da força é magnânimo ... e talvez seja o meio mais seguro para a paz." Negociação a partir da força, da óbvia força do sistema de aliança americano, é o que ele desejava alcançar, sem dúvida após a morte de Stálin em março de 1953. Com Eisenhower e Dulles, ele não conseguiu nada. Eram os dois irmãos Dulles — o secretário de Estado e seu irmão Allen, diretor da CIA — que determinavam o rumo da gigantesca nave do Estado americano, enquanto Eisenhower ocupava o lugar do comandante. Eisenhower continuava a re-

---

* Citado in Martin Gilbert, *Winston S. Churchill*. Boston, 1988, 8:936.

petir: os russos nunca mudam. (Nas Bermudas, ele disse: "A Rússia é uma puta.")

Devemos considerar, entretanto, que o projeto de Churchill de uma nova aproximação com a Rússia havia sido rejeitado já em janeiro de 1953 pelo presidente Truman e seu secretário de Estado Dean Acheson, em Washington. Além disso, as tentativas de Churchill de entrar em contato com Moscou, em 1953 e 1954, foram também energicamente combatidas por integrantes do seu Gabinete, inclusive Eden e Salisbury, sem falar no chanceler Adenauer, da Alemanha ocidental, que não viu nessas tentativas muito mais do que o desejo de um velho de encerrar a carreira com um triunfo — histórico, ainda mais do que diplomático —, uma perigosa e obstinada tentativa, impelida pela vaidade. Esse elemento, ou fator, provavelmente existia. Mas não era somente isso. Com o conhecimento de algumas coisas de que hoje dispomos (inclusive alguns dados de relatos e documentos russos), podemos afirmar com segurança que a perspicácia de Churchill, impelida ou não pela vaidade de um velho, não estava inteiramente equivocada.

Churchill era um estadista, não um ideólogo. Por estranho que pareça, era Eisenhower o ideólogo dos dois — o mesmo Eisenhower, eu repito, que considerava Churchill excessivamente perigoso porque anti-russo em 1944-45, então considerando-o e tratando-o como perigosamente senil e excessivamente pró-russo em 1953-55. Considere-se, entretanto, que um ideólogo não é necessariamente um fanático. O que ele faz é ajustar a maioria das suas idéias às circunstâncias, sem reconhecer o oportunismo latente em tais ajustes ideológicos. O oportunismo de um grande estadista, por outro lado, assenta sobre os seus princípios. O que John Morley certa vez escreveu sobre Edmund Burke pode ser aplicado a Churchill: "Ele mudou de tribuna, mas nunca mudou de posição." Ou o que o idoso Metternich escreveu certa vez: que uma idéia é como um canhão fixo em uma fortaleza, pronto a atirar e atingir o erro em uma direção retilínea; mas um princípio é como um canhão montado sobre uma base fixa porém giratória, capaz de atirar no erro em todas as direções possíveis. O que importava para Eisenhower eram idéias do momento. O que importava para Churchill eram determinados princípios. A visão do mundo, e de seus habitantes, adotada por Eisenhower era política. A de Churchill era histórica. Eles podem ter visto os seus adversários de forma diferente mas, sob tudo isso, achava-se a diferença no caráter de ambos.

5

Churchill, a Europa e o apaziguamento

Já se escreveu muito sobre Churchill e "apaziguamento"; não muito (exceto indiretamente) sobre Churchill e "Europa". Minha tese é que esses dois temas — duas preocupações no seu pensamento em períodos cruciais — eram não só ligados como inseparáveis. Ele não aceitaria uma aquiescência britânica ao domínio da Alemanha sobre a Europa. Churchill enxergou essa perspectiva antes dos outros, daí sua luta veemente contra o apaziguamento do Terceiro Reich de Hitler, durante a década de 1930. Isso não é discutível. O que é discutível é a sua atitude em relação à Europa ao longo da vida. Afinal, a aliança da Grã-Bretanha com os Estados Unidos foi com freqüência sua prioridade. Afinal, ele — como a maioria dos seus compatriotas — achava, pelo menos freqüentemente, que o canal da Mancha era mais largo que o Atlântico. Afinal, ele desejara e procurara promover alguma espécie de unidade entre os povos anglófonos, mas não uma associação britânica, quanto mais uma confederação, com uma união européia.

Mas isso não era tudo. Ele certamente não era um isolacionista britânico. Em 1889 lorde Salisbury disse: "Existe um mundo de diferença entre o esforço afável e bem-disposto para estar bem com os vizinhos e esse espírito de arrogante e taciturno isolamento que tem sido dignificado com o nome de não-intervenção. Fazemos parte da comunidade da Europa e devemos cumprir o nosso dever como tal." Churchill teria concordado com isso. Tal foi a sua convicção ao longo da vida. Ele iniciara a trajetória pública e parlamentar quando a *entente cordiale* com a França estava concluída, em 1904. A esse respeito, Andrew Roberts, o excelente biógrafo de Salisbury, escreveu que "pouco após um ano da morte de Salisbury, [a *entente cordiale*] ligou a sorte britânica à de um país que veio a entrar, durante a primeira metade do século XX, em um declínio relativo mais rápido do que mesmo a própria Grã-Bretanha".* Mas que alternativa a Grã-Bretanha tinha? Recentemente, perto do fim do século XX, algumas pessoas aventaram e o historiador britânico Niall Fergusson escreveu que a Grã-Bretanha teria feito melhor negócio aceitando uma Europa dominada pelos alemães, e talvez assim unida, e não entrando na guerra em 1914, ao lado da Bélgica e da França. Essa é uma discussão que, a meu ver, Churchill teria descartado (e, se estivesse vivo, ainda descartaria) com um breve e irritado movimento do charuto.

Desde o início ele foi favorável ao entendimento com a França. (Seria interessante saber quais foram as origens da sua francofilia cultural; quando e onde principiaram — mais um tema para novas pesquisas.) O seu pró-americanismo não estava em conflito com isso. Pois, no segundo plano da decisão britânica de dar início a um acordo com a França, havia um elemento americano: a decisão britânica, em e após 1898, quase unânime entre a população, de não arriscar nenhum confronto com os Estados Unidos, de manter e preservar as melhores relações possíveis com o emergente gigante transatlântico, ainda um distante parente consangüíneo. Somente com esse tipo de segurança ao fundo a Grã-Bretanha podia envolver-se no esforço para organizar o apoio europeu em torno de potencial confronto com a Alemanha.

É claro que Churchill ficou também impressionado com a relação de exércitos britânicos em guerras importantes travadas no continente europeu, inclusive aquelas sustentadas por seu antepassado Marlborough: uma série de nomes de batalhas, de Blenheim, Ramillies, Malplaquet até Corunna, Badajoz, Salamanca, Waterloo

* Andrew Roberts, *Salisbury: Victorian Titan*. Londres, 1999, p.488, 843.

(e talvez mesmo Sebastopol). Ele instruíra-se bem; seja como for, o seu conhecimento da história e geografia européias era respeitável. Sabemos que admirava os dois maiores adversários franceses da Inglaterra, Joana d'Arc e Napoleão. Mas isso equivalia a mais do que uma francofilia sentimental ou romântica. Em 1914, foi mais do que um temperamento de soldado o que o convenceu de que a Grã-Bretanha não podia deixar de se envolver na iminente guerra européia. Sua descrição do que aconteceu no final da tarde de 24 de julho, quase ao término da Conferência do Palácio de Buckingham sobre o problema da Irlanda, reflete essa realidade, impressionista e lírica como é essa descrição. A reunião não chegara a nenhuma conclusão, os participantes estavam cansados, quando levaram um documento a sir Edward Grey, com os termos do ultimato austríaco à Sérvia. "As paróquias de Fermanagh e Tyrone desvaneceram-se de novo nas brumas e rajadas de vento da Irlanda, e uma luz estranha começou imediatamente, mas em gradações perceptíveis, a incidir e se intensificar sobre o mapa da Europa."* O mapa da Europa: isso fez os olhos de Churchill brilharem imediatamente.

Teria ele se dado conta, logo após a guerra, do que o mosaico ensangüentado e fragmentado da nova Europa, devido em grande parte à vitória dos extenuados e freqüentemente temerários aliados, significava e significaria? Sim e não — ou melhor: sim mais do que não. Imediatamente após a guerra, as suas principais preocupações e ações diziam respeito ao bolchevismo na Rússia e na Irlanda e ao Oriente Médio. O desejo de promover um relacionamento britânico cada vez mais estreito com os Estados Unidos raras vezes se manifestou durante a década de 1920. Nenhum dos seus cargos oficiais ou mesmo participações parlamentares tinha muito a ver com a Europa na época. No entanto, ele estava pensando — e escrevendo — muito sobre a Europa, sobre as suas condições então vigentes e mutáveis, bem como sobre o seu futuro. Já em novembro de 1918 ele disse no Gabinete: "Poderíamos talvez abandonar a Europa, mas

---

* Winston Churchill, *The World Crisis, 1911-1918*. Londres, 1931, ed.condensada, p.110.

a Europa não nos abandonará." Imediatamente após a guerra, ele pronunciou-se contra maus-tratos ao povo alemão (como também faria após a Segunda Guerra Mundial). Ele comemorou o Tratado de Locarno em 1925. Nessa mesma época, estava escrevendo o segundo volume da sua história da Primeira Guerra Mundial. Em algum momento de 1926 (*A crise mundial, 1916-1918* foi publicada em janeiro de 1927), ele o concluiu com essas expressivas palavras: "Isto é o fim? Deve ser tão-somente um capítulo em uma narrativa cruel e insensata? Uma nova geração será, por sua vez, imolada para ajustar as contas sinistras do teuto e do gaulês? Nossos filhos derramarão seu sangue e arfarão de novo em terras devastadas? Ou brotará das próprias chamas do conflito essa reconciliação dos três grandes combatentes gigantescos, que lhes uniria o gênio e garantiria a cada um, em segurança e liberdade, uma participação na reconstrução da glória da Europa?"

O que se evidencia dessas palavras é a certeza de Churchill de que uma medonha luta futura entre a Alemanha e a França ("teuto e gaulês") incluiria, natural e inevitavelmente, também a Grã-Bretanha — opinião nem de longe partilhada pelos seus contemporâneos britânicos daquela época. Significativo é o final retórico, uma esperança de uma união possível, "uma participação na reconstrução da glória da Europa". A perspectiva de uma Europa unida agradava a Churchill. Ele escreveu e falou a esse respeito muitas vezes durante a década de 1920. Em 1923, o conde Richard Coudenhove-Kalergi, nobre cosmopolita nascido na Áustria, lançou o movimento "Pan-Europa", que teve considerável repercussão. Churchill apoiou-o, como também o fizeram, cautelosamente, os principais estadistas europeus da época, Briand e Stresemann. No plano de Coudenhove-Kalergi, nem a Grã-Bretanha nem a Rússia fariam parte de uma união européia: Churchill concordava com isso. Ao mesmo tempo, ele saudou enfaticamente o plano a favor de alguma espécie de união européia (mais uma vez, praticamente sozinho dentre os políticos britânicos). Em fevereiro de 1930 escreveu em um jornal americano: "Não vemos senão bem e esperança em uma comunidade européia mais rica, mais livre, mais satisfeita. Mas nós temos o nosso sonho e a nossa tarefa. Nós estamos com a Europa, mas não somos da Europa. Estamos ligados, mas não comprometidos. Estamos interessados e associados, mas não incorporados."* Igualmente significativos são as suas declarações e escritos ocasionais sobre o que considerava os locais e problemas mais perigosos situados no novo mapa da Europa: ele mencionava Dantzig e a Transilvânia.

E os seus olhos estavam voltados para a Europa mesmo antes de Hitler se tornar o líder de uma nova Alemanha, no início da década de 1930, quando Churchill estava politicamente enredado — de forma profunda e eloqüente, com prejuízo considerável para a sua reputação — no que deveria acontecer com a Índia e quando (como veremos no capítulo seguinte) tinha e expressava dúvidas sobre a própria viabilidade da democracia parlamentar e do sufrágio universal. Vimos como, para surpresa dos anfitriões alemães, em um jantar diplomático, Churchill falou sobre sua preocupação com Hitler em outubro de 1930, numa época em que nenhuma outra pessoa no mundo (com exceção, claro, do próprio Hitler), inclusive na Alemanha, jamais imaginaria Hitler como um futuro líder da Alemanha. Mas, mesmo antes de Hitler chegar ao poder, havia indícios cada vez maiores de uma Alemanha dando-se ares de importância, apesar de se encontrar sob o pior tipo de depressão econômica. Os indícios acham-se nas conferências de desarmamento de 1931 e 1932, com o aumento progressivo das exigências alemãs. Churchill compreendeu o que isso significava. "A Alemanha está se armando!", anunciou ele — talvez exageradamente. Repetidas vezes ele enfatizou a relevância do exército francês — não por causa da sua francofilia ou inclinações sentimentais: ele o via como o único contrapeso importante possível contra o poder e o armamento crescentes da Alemanha.

As advertências e a luta de Churchill contra o apaziguamento da Alemanha têm, com freqüência, sido analisadas e descritas como se a sua principal preocupação fosse o despreparo militar da Grã-Bretanha. (Existem várias análises úteis que comparam as suas estimativas das aeronaves britânicas e alemãs, bem como das respectivas

---

* *Saturday Evening Post*, 15.02.1930.

construções de aeronaves, que agora parecem ter sido imprecisas, mas não totalmente erradas.) Devemos considerar, porém, que a sua oposição ao apaziguamento, embora relacionada com o estado deficiente do preparo militar britânico, estava pelo menos igualmente, senão mais, relacionada com o estado do desenvolvimento da Europa. Essas duas questões fundamentais eram naturalmente inseparáveis. Entretanto, se não houvesse indícios de um crescente predomínio alemão no centro da Europa, o estado dos armamentos britânicos teria menor importância: teria sido secundário, se não completamente marginal. Inversamente: se o rearmamento britânico houvesse alcançado um grau satisfatório, ou mesmo impressionante, na década de 1930, a importância dessa situação teria sido secundária em relação à importância de um Terceiro Reich alemão que estivesse dominando uma parte cada vez maior da Europa. Havia muitos ingleses, inclusive alguns dos amigos de Churchill, que não viam as coisas desse modo. Alguns deles até julgavam que a própria presença de uma nova Alemanha era um fator oportuno contra o comunismo. Dentre eles estava lorde Rothermere, que se encontrara com Hitler e depois recebera uma impressionante carta sua em 1935, a qual mostrou a Churchill. A resposta de Churchill foi: "Se a proposta [de Hitler] significa que devemos chegar a um acordo com a Alemanha para dominar a Europa, eu penso que isso seria contrário a toda a nossa história." *Toda a nossa história...* Assim o tóri Churchill de mentalidade européia, em contraste com os isolacionistas conservadores (e ainda de mentalidade imperial)...

Apaziguamento e *apaziguadores*. Reexaminando do século XXI, podemos ver que o significado desses termos mudou duas vezes durante os últimos sessenta e cinco anos. Em 9 de março de 1936 (observe-se que isso ocorreu apenas dois dias depois de Hitler, desprezando o Tratado de Locarno, haver marchado sobre a parte desmilitarizada da Renânia), Anthony Eden discursou na Câmara dos Comuns: "É o apaziguamento da Europa como um todo que temos constantemente diante de nós." Talvez essa tenha sido a primeira vez que a palavra "apaziguamento" apareceu, nessa ocasião empregada com um sentido positivo. Dois anos depois, Eden se tornou um dos opositores ao apaziguamento. Em menos de outro ano, "apaziguamento" adquiriu a conotação negativa que ainda conserva. Entretanto, os motivos dos apaziguadores da década de 1930 não eram irresponsáveis e não devem ser assim considerados. Havia três elementos principais nas suas inclinações, palavras, políticas e comportamentos. Um era o desejo de evitar a guerra, um desejo sincero reforçado pelas lembranças da carnificina de menos de vinte anos antes. Havia aí um componente particular: não ver a Grã-Bretanha envolvida em uma guerra potencial, quanto mais real, na Europa. O outro era produto da eqüidade britânica: o lento movimento de afirmação, com o auge em meados da década de 1930, da idéia de que a Alemanha recebera um tratamento injusto no Tratado de Versalhes e que, conseqüentemente ou não, merecia um crédito de confiança até prova em contrário. O terceiro elemento era o anticomunismo, de que Hitler era o principal porta-voz e expositor. Afinal, o comunismo estava então erradicado na Alemanha, nação que se tornara um baluarte contra a Rússia Soviética e o comunismo internacional. Quando Neville Chamberlain sucedeu a Stanley Baldwin como primeiro-ministro em 1937, havia um elemento a mais em suas inclinações: uma falta de confiança na França, juntamente com a disposição de oferecer mais do que um módico crédito à nova Alemanha (inclinação que seu irmão Austen não teria partilhado, mas que bem poderia ser a mesma de seu pai Joseph Chamberlain, que em 1899 havia proposto uma aliança anglo-saxônica-teutônica para governar a maior parte do mundo). No entendimento de Chamberlain e de muitos conservadores, essas inclinações contribuíam para uma tendência a encarar a maior parte dos relatos sobre as crueldades e condições do regime de Hitler como exageros e propaganda.

Essas inclinações, que se transformaram em atos, políticas e decisões, podem ter sido imprevidentes, mas não eram irresponsáveis nem de forma alguma desonrosas. Até março de 1939 elas estavam em grande parte em conformidade com os sentimentos e opiniões de boa parcela, se não a maioria, do povo britânico. Já em 23 de março de 1936 Harold Nicolson escreveu em seu diário: "A atmosfera na Câmara é extremamente favorável à Alemanha" — talvez um exagero, mas não muito. Kenneth Rose, o biógrafo do rei Jorge V, resumiu bem as alegações contra o apaziguamento: "O que mancha a memória dos chamados apaziguadores não é que eles fossem desviados da firmeza pelas realidades estratégicas e econômicas de uma política de defesa; é o servilismo com que testemunharam a lenta escravização da Europa."* Europa... Em 11 de junho de 1937 (um ano relativamente calmo), Churchill escreveu: "Como tudo isso aconteceu na Europa enquanto estivemos pensando nos nossos assuntos? Quanto a mim, nunca consegui esquecer a Europa. Ela paira em minha mente." Como escreveu Robert Rhodes: "Sua campanha era menos contra uma administração do que contra uma índole nacional."** Isso naturalmente envolvia os barões da imprensa, inclusive Rothermere (um amigo) e Beaverbrook (que só anos depois se tornaria íntimo de Churchill). Em 1935 Churchill escreveu: "Haveria muito o que dizer a favor da política [de Beaverbrook] de um isolacionismo pacífico se pudéssemos pelo menos providenciar para que o Reino Unido fosse rebocado uns 3.000km Atlântico adentro." Evidentemente nem sempre Churchill considerava o canal da Mancha mais largo do que o Atlântico. Nas palavras de James, ele "via e sentia o que poucos outros contemporâneos viam e sentiam — que o mundo estava em presença de um espantoso fenômeno pessoal e nacional para o qual não houve paralelo desde Napoleão" — na verdade, pior do que Napoleão. Em um ensaio sob outros aspectos irrepreensível e de leitura interessante sobre "Churchill, o estadista", A.J.P. Taylor escreve que Churchill "não visualizava uma nova Europa, menos ainda um novo mundo. Ele queria voltar ao velho mundo."***

---

* Kenneth Rose, *King George V*. Nova York, 1984, p.86.

** Citado por Robert Rhodes James, *Churchill: A Study in Failure, 1900-1939*. Nova York, 1970, p.308, 311, 318.

*** A.J.P. Taylor, "The Statesman", in *Churchill Revised: A Critical Assessment*. Nova York, 1969, p.36.

Isso não é convincente. Em um livro excelente, *Churchill e o apaziguamento*, R.A.C. Parker demonstra que a política de Chamberlain para apaziguar Hitler não se devia simplesmente a uma decisão sagaz e prudente de ganhar tempo para o rearmamento. Isso é importante. É verdade que, ao mesmo tempo em que se dedicava a procurar o apaziguamento, Chamberlain também se ocupava do rearmamento britânico, sobretudo no ar. Mas permitam-me acrescentar: não existe o mais leve indício, ou comprovação, de que, após haver atingido um grau satisfatório de rearmamento, Chamberlain e os apaziguadores teriam então mudado a conduta para uma firme oposição a Hitler. Havia também, como já foi mencionado, a russofobia, a francofobia e o anticomunismo de Chamberlain.

Churchill era sem dúvida anticomunista. Mas em primeiro lugar em sua mente estava a perspectiva de uma Europa dominada pela Alemanha. Em janeiro de 1937 ele disse à Câmara de Comércio de Leeds (que havia convidado Ribbentrop, então o embaixador alemão na Grã-Bretanha, que não pôde comparecer, e tiveram de se arranjar com Churchill) que Hitler pensava (em parte como uma implicação do acordo naval anglo-germânico de 1935) que a Grã-Bretanha devia entregar uma parcela considerável da Europa, sem dúvida a Europa central e a maior parte da Europa oriental, à Alemanha. Churchill compreendia Hitler muito bem, o que veio a ser um trunfo excepcional. Se um Churchill no poder na década de 1930 poderia ter impedido a expansão do Terceiro Reich é uma questão sem dúvida discutível — ao contrário do que ele escreveu em *A tempestade em formação*, o primeiro volume de *A Segunda Guerra Mundial*. O que não é discutível é que a diferença essencial entre ele e os apaziguadores (diferença que, em muitos aspectos, predominou até julho de 1940) era a sua convicção de que o destino da Grã-Bretanha não estava e não poderia ser separado do destino da Europa. Os adversários conservadores sabiam menos sobre a Europa do que ele e suspeitavam dos vínculos e compromissos ingleses com a Europa. Isso contribuiu para a sua percepção escassa dos objetivos e do poder de Hitler. Eles não entendiam que, se se permitisse que a Alemanha dominasse toda a Europa central e a maior parte da Europa oriental, a independência das democracias da Europa ocidental, inclusive a França, estaria fatalmente comprometida e fatalmente reprimida: que em jogo estava mais do que qualquer ajuste tradicional de equilíbrio de potências.

Nesse ponto, chegamos a um assunto significativo que vem sendo suscitado recentemente por alguns dos críticos de Churchill, diretos ou indiretos. É a afirmação de Churchill, sob o sigilo do Gabinete de Guerra, em 26 de maio de 1940, durante os cinco dias em que teve de lutar contra a defesa de negociações cautelosas, sustentada por Halifax. O testemunho provém dessas atas e do diário de Chamberlain. "O P.-M. desaprovou qualquer movimento em relação a Musso." (Halifax insistira em que se investigasse se Mussolini poderia — eventualmente — ser intermediário, isto é, averiguar sob quais condições Hitler concordaria em suspender a guerra.) Chamberlain citou Churchill: "Era improvável que Hitler consentisse em quaisquer condições que nós pudéssemos aceitar — embora, se pudéssemos sair dessa enrascada cedendo Malta & Gibraltar & algumas colônias africanas, ele aceitasse prontamente." Isso tem sido mencionado amiúde pelos críticos de Churchill, com o propósito de demonstrar que, afinal, a descrição consagrada (e do próprio Churchill) da sua determinação intransigente e tenaz é, para dizer o mínimo, inexata. Mas a essência da questão não era ele visar a um objetivo de forma inabalável; era o quanto ele compreendia Hitler: o entendimento, tanto racional quanto intuitivo, de que (*a*) qualquer indicação britânica mesmo para sondar negociações naquele momento extremo fatalmente fortaleceria o poder de Hitler; (*b*) que as condições de Hitler equivaleriam à redução da Grã-Bretanha, na pior das hipóteses, a um satélite ou, na melhor das hipóteses, a um sócio minoritário e aquiescente da Alemanha, incluindo um explícito compromisso britânico de concordar com uma Alemanha que dominasse a Europa, bem como de viver ao seu lado. Ele disse em 27 de maio, mais uma vez sob o sigilo do Gabinete: "Se Herr Hitler estivesse disposto a firmar a paz nos termos da restituição das colônias alemãs e da suserania da Europa central, isso era uma coisa. Mas era absolutamente improvável que ele fizesse tal oferta." Em maio de 1940, Hitler desejava conquistar mais do que isso: desejava o controle de toda a Europa, quer a Grã-Bretanha concordasse, quer fosse obrigada a concordar.

Assim Churchill escreveu a Roosevelt em 15 de junho de 1940, inclusive esta frase: "Se formos derrotados, o senhor poderá ter um Estados Unidos da Europa sob o comando nazista bem mais numeroso, bem mais forte, bem mais armado do que o Novo Mundo." Foi por isso que, em 14 de julho, ele declarou que a Grã-Bretanha estava lutando "*por* si só, mas não *para* si só" (e também que Londres então "era esta sólida Cidade de Refúgio que cultua os títulos de propriedade do progresso humano e tem profunda significação para a civilização cristã"). Nem por um momento ele acreditou que a Grã-Bretanha e o Império pudessem continuar a existir diante de uma Europa totalmente dominada pela Alemanha.

Não se tem dedicado atenção suficiente à visão que Churchill tinha da Europa durante a guerra. Sim, ele entendia que, se para a independência e a democracia britânicas sobreviverem era necessária a eventual transferência de grande parte da responsabilidade imperial para os americanos, que assim fosse; sim, a preservação e o desenvolvimento da aliança com os Estados Unidos eram sua prioridade. No entanto, foi em um dos programas de rádio para os Estados Unidos em 1941 que ele disse: "Nessas Ilhas Britânicas que parecem tão pequenas no mapa nós resistimos, os fiéis guardiães das justas e ardentes esperanças de uma dúzia de Estados e nações agora afligidos e atormentados por uma torpe e cruel servidão." Nas últimas páginas de *Cinco dias em Londres* eu escrevi: "Suas frases a respeito de Londres haver se tornado a depositária da civilização ocidental não eram mera retórica: havia a presença de reis e rainhas exilados da Europa ocidental nas suas mansões, havia a presença colorida de seus soldados e marinheiros fardados nas suas ruas (inclusive os valentes poloneses, milhares deles); havia aqueles concertos de Bach nos salões vitorianos escurecidos — e o sinal da British Broadcasting Corporation iniciando as transmissões para a Europa com o primeiro compasso da Quinta Sinfonia de Beethoven." Churchill, escreveu Maurice Ashley, "permaneceu no fundo um europeu e tinha esperança de que os americanos prezassem, acima de tudo, a sua herança européia".* Quando, em novembro de 1944, o general de Gaulle tentou afastá-lo da dependência estreita dos Estados Unidos em prol de uma direção européia, Churchill disse que compreendia a argumentação de de Gaulle e concordava em grande parte com ela, mas que a primazia do seu relacionamento com os Estados Unidos devia e iria predominar. Ao mesmo tempo, sua preocupação com a Europa, inclusive as perspectivas de uma Europa pós-guerra, permanecia mais do que considerável.

Isso influenciou as suas propostas de estratégia. A invasão e a liberação da Europa a partir do sul, assim como os planos subseqüentes para desembarcar nos Bálcãs ocidentais ou avançar da Itália para nordeste, deveriam preceder, ou então complementar, a invasão da Europa ocidental, mas havia também um outro objetivo: estabelecer uma presença anglo-americana em pelo menos partes da Europa central, prevenindo a ocupação russa da sua totalidade. Até meados de 1943 ele conseguiu influenciar os aliados americanos, o que resultou na entrada na Sicília e na Itália continental. Depois disso, nada mais: eles rejeitaram os seus planos do Adriático por vários motivos, um deles a suspeita quanto ao interesse de Churchill em regiões da Europa onde os americanos não se dispunham a se envolver. Mas a preocupação de Churchill com a Europa ultrapassava as preconizações de estratégia militar. Ela evidenciava-se na proposta (em Teerã) para uma Áustria independente; nos planos para um eventual Estado pós-guerra que reunisse a Alemanha do Sul e a Áustria, talvez até incluindo a Hungria; na proposta das percentagens a Stálin, que redundou em mais do que a preservação da Grécia, com Churchill disposto a aceitar a dominação russa da Romênia e Bulgária, para a qual havia precedentes históricos, e onde os russos já eram as forças de ocupação *de facto*. Vimos também que ele declarava, de vez em quando, que a Hungria não era um Estado da Europa oriental, mas da Europa central. Entretanto, na preocupação sobre até onde os russos avançariam na Europa cen-

---

* Maurice Ashley, *Churchill as Historian*. Nova York, 1968, p.209.

tral, ele não recebeu nenhuma ajuda americana — muito pelo contrário.

Mas, durante os últimos meses da guerra na Europa, a sua energia estava diminuindo. Ele ainda expunha as suas preocupações com clareza, mas a persistência em levá-las adiante não era o que fora antes. De fato, à medida que a guerra prosseguia, Churchill ficava com menos cartas na mão. No entanto, havia algumas que estavam ali e que ele não usou. Uma era uma idéia um tanto vaga, que circulou em Whitehall e foi até apresentada por Eden no final de 1944, para um sistema de aliança da Europa ocidental sob liderança britânica. Tenho muitas vezes pensado que em 1945 os britânicos, inclusive Churchill, deixaram escapar uma grande oportunidade histórica. Eles poderiam ter conquistado a liderança de toda a Europa ocidental por uma ninharia. Tamanho era o seu prestígio dentre as populações libertadas da Europa ocidental e Escandinávia — um prestígio sólido que se devia principalmente à liderança de Churchill durante a guerra (e também ao fato de que esses países haviam sido libertados na maior parte por exércitos britânicos e da Commonwealth). Mas naquela época o exausto povo britânico e os seus representantes estavam — compreensivelmente — desinteressados de um tal projeto, e o mesmo se dava com Churchill. Talvez, se ele tivesse sido reeleito em 1945, as coisas fossem diferentes. Mas devido a muitas circunstâncias — inclusive os embaraços políticos e econômicos do país, assim como os seus obstáculos pessoais decorrentes de idade e saúde — isso talvez não houvesse mesmo ocorrido.

Ainda assim: Churchill continuou a ser um principal proponente de uma Europa unida. Observe-se, mais uma vez, que o seu famoso discurso sobre a Cortina de Ferro, em Fulton em março de 1946, enfatizava não o perigo do comunismo internacional, mas a divisão da Europa; a preocupação crescente entre os americanos era o primeiro; a preocupação de Churchill era antes a segunda — em suma, o que significava a supressão pelos russos de antigos Estados europeus e o seu isolamento forçado do restante da Europa. Nessa preocupação com a Europa oriental, ele estava sozinho dentre todos os estadistas do mundo ocidental, inclusive homens influentes como o presidente Truman e o general de Gaulle. Poucos meses mais tarde, em Zurique (um discurso que, quase sessenta anos depois, ainda é lembrado por muitos europeus ponderados), ele evocou o espectro de uma unidade desejável da Europa, assentada antes de tudo em um novo tipo de reconciliação e associação entre os povos francês e alemão. "Nesses anos, a sua linguagem quando se referia à Europa era tão calorosa que é fácil interpretar mal que outros sentimentos coabitassem com esse naquela mente ampla. Em Zurique, ele iniciou entoando o hino do europeu culto à qualidade superior da sua herança."* Churchill discursou em termos semelhantes em um Congresso da União Européia em Haia, em 1948, e também em outras ocasiões. No entanto, mesmo durante o segundo período como primeiro-ministro, ele pouco ou nada fez para favorecer uma ligação britânica com os Estados da Europa ocidental e com as instituições européias então em desenvolvimento do outro lado do canal da Mancha. Em 1950 ele disse: "Nós estamos *com* a Europa, mas não *na* Europa." Ele continuou a considerar a rígida divisão da Europa como o principal fator da guerra fria; em 1949, disse em Bruxelas: "A Europa que buscamos unir é *toda* a Europa"; sua tentativa de entrar em negociações com os novos líderes da Rússia, em 1953 e 1954, tinha como objetivo principal uma correção ou abrandamento dessa condição; mas vimos como foi repelido por Eisenhower e por outros americanos. Ele estava então perto do encerramento de sua vida política. No entanto, de vez em quando ainda se pronunciava a favor de uma Europa

* "Desejo falar-lhes hoje sobre a tragédia da Europa. Este admirável continente, que abarca as mais belas e mais cultivadas regiões da Terra, que desfruta de um clima temperado e uniforme, é a terra natal de todas as grandes raças ancestrais do mundo ocidental. É a fonte da fé cristã e da ética cristã. É a origem da maior parte da cultura, artes, filosofia e ciência tanto da época antiga quanto da época moderna. Se a Europa se unisse na partilha da sua herança comum, não haveria limite para a sua felicidade." Citado por Geoffrey Best, *Churchill: A Study in Greatness*, Londres, 2001, p.278. Entretanto, Best acrescenta: "Mas em nenhum ponto do discurso, nem em qualquer momento posterior, ele aproveitou a oportunidade para insistir que a Grã-Bretanha era um país europeu no pleno sentido em que o eram os países do continente europeu."

unida — por exemplo em Aachen, em 1956, onde afirmou que a unidade da Europa ocidental era desejável, porque era em conseqüência de tal unidade que os Estados da Europa oriental recuperariam a independência, um desdobramento inevitável que ele previu anos antes.

Ele não viveu para ver as complicações nas relações da Grã-Bretanha com a "Europa". Eu duvido que uma "União Européia" incaracterística, com freqüência impotente e em grande parte burocrática, recebesse a sua aprovação, mas acho que ele teria acolhido bem os trens do Eurotúnel.

"Churchill e a Europa" é um livro ainda a ser escrito. Foi enquanto preparava a redação deste capítulo que encontrei algo realmente digno de nota. Em 2 de janeiro de 2002, o dia seguinte à adoção do euro em boa parte da Europa, li em um jornal uma série de entrevistas com europeus ilustres: franceses, italianos, holandeses, suíços e outros. Uma das perguntas formuladas era esta: quem, para eles, eram os europeus mais notáveis? As respostas compreendiam pessoas tão diversas quanto Leonardo da Vinci ou Jean Monnet; mas, para minha surpresa — e alegria — pelo menos três deles incluíram Winston Churchill. Poucos ingleses, se tanto, considerariam Churchill um "europeu" notável. No entanto, a escolha desses europeus não foi destituída de visão — muito pelo contrário.

6

Churchill como historiador

Churchill era um escritor. Nato? Não podemos afirmar, exceto argumento que o talento de um escritor raramente é hereditário. Esse talento pode, é claro, desenvolver-se pelo exemplo de um dos pais. O impulso para escrever, porém, é de expressão da própria personalidade. O estímulo para escrever é o desejo de vencer uma preocupação mental expressando-a consciente e claramente, ao passo que o propósito de escrever quase sempre inclui egocentrismo e pelo menos um mínimo de vaidade. Atrevo-me a pensar que essas generalizações (reconheço: discutíveis) se aplicam a Winston Churchill.

Ele era um escritor. Era um historiador? Há muitos acadêmicos que tendem a recusar-lhe esse título: um amador, e não um integrante da sua confraria; alguns deles (críticos não meramente profissionais, mas ideológicos) insinuam que os seus métodos de historiografia eram anticientíficos e insuficientes (ou, pior, a serviço de interesses próprios e da criação de mitos). Esse é um extremo. Totalmente contrária a isso é a asserção do senso comum de que todo ser humano é um historiador inato, ao passo que é um cientista somente por escolha, uma vez que a historicidade é a quarta dimensão do homem. No entanto, não são muitos os homens e mulheres que têm consciência dessa condição. Poucos deles experimentam a necessidade de escrever algum tipo de história e um número ainda menor torna o ato de escrever a história não só "científico", mas uma obra de arte. Churchill fazia isso: daí, com toda probabilidade, o Prêmio

Nobel de Literatura lhe ter sido concedido (em 1953) e em um país onde a maioria dos historiadores profissionais ainda tendia a considerar a história como uma ciência. Mas por outro lado ele estava em boa companhia (apesar de não ter viajado a Estocolmo para a cerimônia): o único outro historiador que recebera o Prêmio Nobel de Literatura foi o eminente historiador alemão Theodor Mommsen, em 1902.

Em um imponente (e ótimo) ensaio, J.H. Plumb escreve que Churchill "era um híbrido raro e singular: um estadista-escritor e um escritor-estadista".* Eu preferiria dizer um estadista-historiador e um historiador-estadista. Churchill era um escritor principalmente porque era atraído pela história, não um historiador porque era atraído pelo ato de escrever. (Plumb, como veremos, presta um devido e tocante tributo ao irresistível senso de história de Churchill, mas critica sua historiografia.) Que eu saiba, só existe um livro sobre o historiador Churchill, escrito pelo seu ex-assistente Maurice Ashley. Outras avaliações da historiografia de Churchill podem ser encontradas em artigos e conferências de Robert Blake, Victor Feske, John Ramsden e David Reynolds.** Creio que (como "Churchill e a Europa") um livro substancial sobre "Churchill como historiador" ainda está por ser escrito.

Uma dificuldade para tal tarefa seria que o volume e o alcance das histórias de Churchill são enormes. Antes, porém, de me dedicar a uma descrição sucinta, necessariamente breve e decerto inadequa-

---

* J.H. Plumb, "The Historian", in *Churchill Revised: A Critical Assessment*. Nova York, 1969, p.143.

** Robert Blake, "Winston Churchill as Historian". Palestra em 1990 na Universidade do Texas. Reimpresso em W. Roger Louis (org.), *Adventures with Britannia: Personalities, Politics and Culture in Britain*. Austin, 1995. Victor Feske, *From Belloc to Churchill: Private Scholars, Public Culture, and the Crisis of British Liberalism, 1900-1939*. Chapel Hill, 1996. John Ramsden, "'That Will Depend on Who Writes the History': Winston Churchill as His Own Historian". Queen Mary and Westfield College, Londres, 1996. David Reynolds, "Churchill's Writing of History: Appeasement, Autobiography, and *The gathering storm*", in *Transactions of the Royal Historical Society*, série 6, vol.XI. Cambridge, 2001, p.221-47.

da, e a uma análise ocasional das obras principais, creio que devo dizer algo sobre a perspectiva de Churchill da sua própria historiografia. Creio que isso merece atenção, não só porque raramente tem sido analisado por historiadores, como também porque (pelo menos na minha opinião) há nessa perspectiva um elemento que não é obsoleto ou tradicional, mas talvez surpreendentemente oportuno.

A perspectiva de Churchill em muitos dos seus livros é participativa. Eu disse antes que o propósito de escrever raramente é separável do egocentrismo. Há muitos historiadores (em especial aqueles que classificam o seu ofício como sendo uma Ciência e não uma Arte)* que prefeririam não pensar nessa condição — ainda que a própria escolha dos seus objetos de estudo seja em geral inseparável da sua curiosidade ou interesse pessoal. Admitir o egocentrismo é admitir que o ideal de objetividade científica está ausente. No entanto, pelo menos depois do século XX e talvez de toda a chamada Era Moderna, nós devemos saber que o ideal de Objetividade, com o sentido de uma separação completa e anti-séptica entre o observador e o material observado, é impossível (e não só no mundo mental como também no mundo físico); que a alternativa à Objetividade *não* é a Subjetividade (que é apenas uma outra forma de determinismo); que todo o conhecimento humano é inevitavelmente pessoal e participativo. Praticamente toda a obra escrita de Churchill ilustra isso. Praticamente todos os seus livros foram motivados, pesquisados e escritos devido à preocupação e ao conseqüente interesse pela história de pessoas com que ele estava intimamente relacionado e pelos acontecimentos históricos de que participou. Assim as histórias das guerras na Índia e no Sudão, assim a biografia política de seu pai, assim a biografia histórica de seu antepassado Marlborough, assim as histórias das duas guerras mundiais, assim até as descrições de contemporâneos e, pelo menos indiretamente, da história dos povos anglófonos, na divulgação de uma idéia de que foi o principal expositor durante quase toda a vida. (Exceções talvez se-

* A excelente formulação de Veronica Wedgewood: "A história é uma arte, como todas as outras ciências." Creio que Churchill teria concordado.

jam as biografias de Garibaldi e de Napoleão que ele certa vez achou que poderia escrever.)

Pessoal e participativo: esses adjetivos resumem a filosofia histórica inerente às obras de Winston Churchill. É errôneo atribuir isso simplesmente ao método de um amador. Além do argumento de que na história, ao contrário de muitas das ciências naturais e aplicadas, *amador* e *profissional* não são e não podem ser categorias totalmente isoladas e distintas, Churchill tinha consciência das condições e limitações da sua historiografia. No início de sua imponente história da Primeira Guerra Mundial, *A crise mundial (1923-27)*, ele escreveu: "Disponho-me a cada etapa a responder às perguntas: 'O que aconteceu e por quê?' Tento guiar o leitor para aqueles pontos onde o curso dos acontecimentos está sendo decidido, quer seja em um campo de batalha, em uma torre de comando, no Conselho, no Parlamento, em um corredor, um laboratório ou uma sala de trabalho. *Tal método não é um substituto para a história, mas pode ser um auxílio tanto para se escrever quanto para se estudar a história.*" (Grifos meus.) Tal reconhecimento devia ao menos atenuar a ferroada do comentário espirituoso feito, creio eu, por Balfour de que Churchill escrevera um grande livro sobre si mesmo e depois o intitulara *A crise mundial.* Churchill era capaz de autocrítica, pelo menos de vez em quando. Sobre *A crise mundial*, ele escreveu: "Olhando para trás com o conhecimento adquirido e os anos a mais, parece que fui demasiadamente propenso a empreender tarefas que eram perigosas ou mesmo desesperadas." No primeiro (e às vezes devidamente criticado) volume de *A Segunda Guerra Mundial*, ele escreveu sobre a década de 1930: "Empenhei-me ao máximo para incitar o Governo à exaltação e a preparativos extraordinários, mesmo à custa de alarme mundial. Nesses esforços, sem dúvida pintei o quadro ainda mais negro do que era." No prefácio a *A Segunda Guerra Mundial* ele insistiu novamente: "Não a qualifico como história, pois isso compete a uma outra geração. Mas sustento com segurança que é uma contribuição à história que será útil ao futuro."

Há historiadores que podem tender a rejeitar essa qualificação, "uma contribuição à história", como insincera ou falsa modéstia, mas eles desprezarão a obra e os dados de Churchill, "úteis ao futuro", tão-somente por sua conta e risco. Deve-se igualmente observar que, embora Churchill, por muitas razões, tenha omitido ou abrandado motivos de controvérsia, inclusive situações em que estivera certo e os adversários, errados, muitas vezes ele não omitiu um registro das suas palavras e atos que, na época da publicação, teriam causado espanto, para dizer o mínimo (como no caso das descrições de Stálin e dos seus entendimentos com ele). Nos prefácios às duas histórias de guerras mundiais, ele escreveu que seguiu, "até onde me é possível, o método de *Memórias de um cavalheiro*, de Defoe, em que o autor põe a crônica e a discussão dos acontecimentos militares e políticos sobre o fio das experiências pessoais de um indivíduo". Esse método (ou, antes, estrutura e perspectiva) foi então complementado, em quase todas as suas obras, por fartas, e às vezes demasiado extensas, reproduções de cartas, diretrizes e outros documentos com a finalidade de ilustração documental, indicando pelo menos o respeito de um historiador amador pelo cânone profissional da dependência de fontes "primárias".

Muitos desses documentos entremeados no texto, ilustrando (mas também ocasionalmente interrompendo) a narrativa ou a argumentação, são muito valiosos. São também comprovações das suas assíduas tentativas de pesquisas. Repare-se, porém, que muitos dos livros eram longos — com freqüência, longos demais. Seus discursos raramente eram enfadonhos; os escritos — com algumas exceções e, claro, com a exceção dos textos jornalísticos — freqüentemente o eram. Havia uma tendência (como vimos antes, em muitas cartas e mensagens) a esperar muito do seu registro escrito: tente dizer tudo. E bem!

Seu interesse — mais: seu apetite — pela história amadureceu muito cedo. Churchill tinha vinte e um anos e achava-se na Índia quando pediu à mãe para enviar-lhe doze volumes de Macaulay (oito das histórias, quatro dos ensaios reunidos). Ele escreveu-lhe que lia, todos os dias, cinqüenta páginas de Macaulay e vinte e cinco de Gibbon. "Macaulay é de leitura mais fácil do que Gibbon e em um estilo bem diferente. Macaulay enérgico e vivo, Gibbon imponente e impressionante. Ambos são fascinantes e demonstram como o inglês é uma língua admirável, já que pode ser agradável em estilos tão diferentes."* Eles exerceram influência sobre o seu estilo. Mas ele já era um escritor (e jornalista: ainda não tinha vinte e dois anos quando escreveu e vendeu cinco artigos para *The Daily Graphic*). Então surgiram, em breve, cinco volumes de história bem à maneira de Churchill, ou seja, participativa e contemporânea: *A história da tropa de campo Malakand* (1898), *A guerra fluvial* (dois volumes, 1899), *Savrola* (1900, o seu único romance, escrito às pressas), *Londres até Ladysmith* (1900), *A marcha de Ian Hamilton* (1900). Cinco livros escritos e publicados no espaço de três anos, antes de ele completar vinte e seis — e como foram movimentados esses anos, incluindo a ida de Churchill à guerra no Sudão, depois na África do Sul, seu aprisionamento pelos bôeres e sua fuga. Esta não é a ocasião para descrever ou analisar minuciosamente esses livros. Eles não são longos; muitos eram textos reescritos de algumas das suas matérias jornalísticas. Posteriormente, foram suplantados pelas suas incomparáveis memórias, *Meus primeiros anos: um posto errante* (1930), provavelmente o livro mais agradável que escreveu, resumindo em alguns capítulos curtos a sua história daqueles anos e aventuras.

Seu talento para a reconstituição histórica é perceptível nesses primeiros livros (o primeiro já foi reconhecido em uma resenha no *Athenaeum* como "um clássico militar"). Ainda mais significativos, porém, são esses vislumbres da sua visão histórica (e pensamento político) que surgem, aqui e ali, nesses primeiros livros. Já vimos uma passagem visionária, uma visão talvez comparável à outra e mais famosa visão sombria de um contemporâneo, o poema "Recessional", de Kipling, em 1897. No romance *Savrola* podemos vislumbrar sua apreciação condicional de um ditador, junto com a perspectiva melancólica da democracia de massa (ou, antes, populismo). No final do primeiro livro, Churchill escreveu sobre o seu povo, os britânicos: "Um povo de que pelo menos se pode dizer que acrescentou à felicidade, ao saber e às liberdades da humanidade."

---

* Randolph Churchill, *Winston S. Churchill*, 1: 327-8.

Essas são as palavras de um patriota — embora não de um nacionalista. (Hitler afirmou muitas vezes, e escreveu em *Minha luta*, que era um nacionalista, "mas não um patriota".)

Em 1902, Churchill dedicou-se a escrever uma de suas obras mais importantes: a vida do seu pai. *Lorde Randolph Churchill*, "uma biografia política", compunha-se de dois alentados volumes, mais de mil páginas *in toto*. Biografias políticas extensas não eram incomuns na época, embora esse costume vitoriano estivesse começando a desaparecer. O fato incomum era que a maior parte desses dois volumes se ocupava de apenas seis agitados anos da trajetória do pai, de 1880 a 1886. É óbvio que a inspiração e o objetivo do filho eram uma justificação do pai. Isso é singular, talvez especialmente porque o filho não via o pai com freqüência, o relacionamento entre ambos não era muito estreito e o pai morreu antes de o filho completar os vinte e um anos. Há também singularmente pouco sobre a vida familiar (e, exceto algumas cartas, muito pouco sobre o relacionamento entre lorde e lady Randolph). Afinal, embora fosse sem dúvida interessante, lorde Randolph não era de todo uma personalidade cativante. Era um grande orador, falava com desembaraço (ao contrário do filho, que tinha de preparar cuidadosamente os discursos e até a pronúncia), mas tinha muitos preconceitos* e fortes propensões para a demagogia** (o que não ocorria com o filho). Joseph Chamberlain e Randolph Churchill foram os principais responsáveis pela frustração da proposta humanitária (e, naquela época, talvez exeqüível) de autonomia para a Irlanda, apresentada por Gladstone. Ele possuía uma inteligência muito viva, era impaciente (como o filho), indisciplinado e, às vezes, rebelde dentro do próprio partido — a maioria dos conservadores não gostava dele (mais uma vez, como no caso do filho). Demitiu-se de um cargo importante no ministério por causa de seus princípios inflexíveis (como afirma a

---

* Um exemplo é sua carta à esposa, enviada de Lourdes: "um monumento à *bêtise humaine*". R. Churchill, *Winston S. Churchill*, 2: 436.

** Sua visita a Belfast, após seus violentos discursos a favor de Ulster, foi sucedida por um tumulto em que pelo menos vinte e cinco pessoas (na maioria católicas) foram mortas e centenas feridas.

biografia escrita pelo filho), mas também num acesso de irado melindre (como afirmam adversários e críticos contemporâneos). Em 1888, determinados jornais descreviam Randolph Churchill como "um egoísta fanfarrão e tagarela, sem princípios e, aparentemente, sem noção de dever e honra" (2: 358). (Essas exatas expressões e palavras viriam a ser com freqüência aplicadas ao filho, pelo menos nos primeiros sessenta e quatro anos da sua vida.)

Entretanto, embora um *grand plaidoyer*, como uma justificação *Lorde Randolph Churchill* não é bem-sucedido; como uma excelente história política, sim. Houve críticos que o proclamaram uma obra-prima, alguns deles talvez o livro mais admirável que Winston Churchill escreveu. As circunstâncias de sua elaboração são muito interessantes. Churchill teve certa dificuldade em consentir que os testamenteiros literários do pai obtivessem acesso a toda a documentação e correspondência volumosas do pai. Ele necessitou em especial do auxílio de lorde Rosebery, que o prestou, ainda que com certa relutância. Ao contrário do que ocorreu com os primeiros livros, rapidamente redigidos e compilados, nesse Churchill trabalhou com afinco durante quatro anos. (Ele de fato recebeu uma ajuda excepcional: um dos primos o hospedou em Blenheim enquanto ele ali trabalhava nos documentos do pai; outro primo permitiu que ele trabalhasse em um apartamento excelente, em Londres.)* E as qualidades literárias do livro são com freqüência excepcionais. A obra principia com uma descrição de Blenheim, primorosamente redigida e profundamente evocativa. (Rosebery aconselhou Churchill a omiti-la. Felizmente ele não fez isso.) Os críticos muitas vezes censuraram Churchill por ser autodidata: mas como são fartas as mostras de cultura literária e erudição nessa biografia política! A epígrafe por ele escolhida é de Goethe (curioso para um homem acusado de pouco conhecer e pouco apreciar a Alemanha e sua cultura), sobejam outras epígrafes de capítulos e outras citações

* Ele foi bem remunerado por esse livro. É interessante observar que o seu agente literário era Frank Harris, o mesmo Harris que, mais tarde, se tornou famoso por sua autobiografia cruamente sexual.

esplêndidas de Maquiavel, Horácio, Burke, Disraeli, Crabbe, Dryden, do Livro de Jó. Disperso pelas páginas do livro há um tesouro de frases e descrições memoráveis. Talvez mais importante: *Lorde Randolph Churchill* é uma contribuição de extraordinário valor — e duradoura — à história política britânica durante a metade do século XIX, que sob muitos aspectos foi um período crucial. A esse respeito, permitam-me citar a talentosa e séria descrição dessa história naquela época, feita pelo jovem Churchill:

> Havia medidas importantes. Havia homens sérios e ambiciosos. Porém algo mais existia por trás da inquietação e das incertezas da hora. Não foram apenas a deterioração do Governo ou a decadência natural de um partido a produzir as agitações de 1885 e 1886. O longo domínio das classes médias, que se iniciara em 1832, havia chegado ao fim e, com ele, o reinado quase uniforme do Liberalismo. As grandes vitórias haviam sido conquistadas. Ditaduras atravancadoras de todos os tipos haviam sido derrubadas. Em toda parte a autoridade foi rompida. Os escravos estavam livres. A consciência estava livre. O comércio estava livre. Mas a fome, a miséria e o frio estavam também livres; e as pessoas demandavam algo mais que a liberdade. Os velhos lemas ainda soavam verdadeiros, mas não bastavam. E como preencher o vácuo era o enigma que dividia o Partido Liberal. (1: 268-9)

Esse é um resumo feito por um grande historiador — comprovação da sua capacidade de resumos globais e visionários em uma obra que também incluía com freqüência detalhes particulares e excessivos. Passagens como essa perdurarão e inspirarão historiadores enquanto a história inglesa for escrita.

Elas decerto ficaram gravadas na mente de Churchill.* E agora devo dar um salto adiante e interromper a seqüência cronológica

---

* Um exemplo assombroso. Em 1887, Joseph Chamberlain escreveu a lorde Randolph Churchill uma carta conciliatória que continha uma frase em latim: "Ira amantium redintegratio amoris" (tradução livre: o amor entre nós será mais forte após nossa desavença). Mais de quarenta anos depois de ler e publicar essa carta (2: 347), Churchill usou a mesma frase em uma mensagem a Franklin Roosevelt, em 1945.

para dizer algo sobre *Marlborough*, escrito trinta anos depois, porque essa obra tinha igualmente o objetivo de justificar um antepassado.

Marlborough compõe-se de quatro volumes. O primeiro foi publicado em outubro de 1933, o último em setembro de 1938. Essas datas são expressivas. Pois Churchill escreveu esses extensos volumes no exato período em que estava profundamente envolvido em mais do que a política habitual, em que era autoproclamada a Cassandra da perspectiva de uma iminente segunda guerra mundial. Além disso, durante aqueles anos ele escreveu e ditou provavelmente mais artigos para jornais do que nunca. E, enquanto trabalhava nos dois últimos volumes de *Marlborough*, estava também começando a ditar os primeiros capítulos de *Uma história dos povos anglófonos* (que interrompeu em 1939, retomando-a bem depois da Segunda Guerra Mundial). Que extraordinária energia! É verdade que ele então podia reunir e dispor de uma considerável equipe de secretários historiadores que lhe levava documentos, preenchia lacunas no seu conhecimento histórico de um detalhe ou mesmo de um período considerável — o tipo de colaboração que outros historiadores menos favorecidos podem justificadamente invejar —, mas a elaboração e a redação da obra eram dele. Devemos comparar a historiografia de Churchill não com a de professores (lamentavelmente, existem os dessa espécie) cuja pesquisa ou outros trabalhos é muitas vezes o resultado de tarefas que passaram aos seus estudantes de pós-graduação. Se existe alguma comparação válida é com grandes pintores como Leonardo ou Rubens ou Rembrandt, que tantas vezes contaram com grupos de alunos-pintores para completar detalhes aqui e ali, sem comprometer o gênio do esplêndido projeto do mestre ou da sua arte. Maurice Ashley, que foi um dos auxiliares de Churchill no trabalho para *Marlborough*, escreveu: "Isso me proporcionou a oportunidade de ver Churchill em atividade como historiador, numa época em que o meu coração era jovem, a minha mente, maleável e a minha memória, boa."*

* Maurice Ashley, *Churchill as Historian*. Nova York, 1968, p.4.

Marlborough é a obra mais grandiosa e mais singular de Churchill. Ashley julgava que era ainda melhor do que *Lorde Randolph Churchill*, o que é discutível. Mais do que qualquer outra das suas obras, *Marlborough* poderia (e talvez deveria) ter sido reduzida. Os quatro volumes (com freqüência publicados em dois livros, a que as citações seguintes se referem) alcançam mais de duas mil páginas.* A obra é também — uma palavra que utilizo com certa relutância — indisciplinada. A pesquisa foi extraordinária. Uma grande quantidade de cartas inéditas Churchill encontrou nos arquivos de Blenheim (elas recebem uma marcação especial ao longo das páginas), mas isso é apenas uma pequena parte de documentos de todos os tipos, selecionados de uma enorme diversidade de arquivos, papéis e livros, na Inglaterra e por toda a Europa. Sim, muitos deles foram desencavados e levados a Churchill pelos assistentes, mas *ele* escolhia quais iria utilizar, como utilizá-los (às vezes de forma excessiva) e em que ponto. As notas de pé de página são intimidadoras. A certa altura (2: 673, n.1), Churchill evidentemente considerou adequado e necessário ilustrar uma frase do texto com uma pequena tabela numérica, os preços flutuantes do trigo na Inglaterra de 1706 a 1714. Mas em outro trecho (1: 116), ao escrever sobre o pedido de casamento de John Churchill a Sarah Jennings, bela mas não rica, ele gasta uma página e meia para criar cartas fictícias dos pais dos noivos ("Podemos imaginar algumas delas"), desaprovando a união. Entretanto, há outras digressões que são magistrais (por exemplo um capítulo inteiro, "A Europa de Carlos II", que poderia ser um modelo para os historiadores). Outras são demasiadamente instrutivas: sobre fortalezas, treinamento militar, mosquetaria e assim por diante. Creio que Churchill foi também atraído pela história de Marlborough, suas guerras, sua época, porque isso envolvia o que para Churchill era e continuou a ser a ligação inevitável entre o destino da Inglaterra e a sorte da Europa, ou pelo menos da Europa ocidental — para onde Marlborough e um exército inglês haviam retornado, após uma ausência insular de quase trezentos anos.

---

* Winston Churchill, *Marlborough: His Life and Times.* 2 vols. Londres, 1967.

Como em *Lorde Randolph Churchill*, a magnífica descrição feita por Churchill do painel mais amplo, da história daquele tempo, resulta melhor do que a justificação biográfica do seu antepassado. Ao contrário de *Lorde Randolph Churchill*, podemos nos perguntar por que ele empreendeu esse esforço hercúleo em vez de uma breve correção da versão desdenhosa de Marlborough, apresentada por Macaulay e outros autores. Vimos que Churchill possuía vários traços em comum com o pai. Com o antepassado John Churchill, praticamente nenhum. Marlborough pode ter sido um grande general, mas era também frio, interesseiro, comedido, dissimulado, avarento — muito diferente do seu ilustre descendente. (E mais uma vez diferente: "Não gosto de escrever" (2: 581). Uma coisa eles possuíam em comum: o amor pelas esposas.) De um modo geral Churchill, apesar de toda a ênfase justificável no caráter e nas condições daquela época, não consegue nos convencer de que o seu protagonista não era um calculista astuto e ardiloso nos contatos com o exilado Jaime II (outrora seu grande benfeitor, que ele abandonou em 1688) e com o filho ilegítimo de Jaime, Berwick (cuja mãe, Arabella, era ex-amante de Jaime e irmã de Marlborough). Houve igualmente rudeza da parte de Marlborough quando ele, por exemplo, escreveu à rainha Ana em 1710, forçando-a a escolher entre a sua confidente, a despretensiosa sra. Masham (que estivera fazendo intrigas contra Sarah) e ele. Quando a rainha escreveu-lhe dispensando-o (na noite de ano novo, de 1711), ele jogou a carta no fogo. Sua resposta à rainha, no dia seguinte, não foi das melhores.

Um equívoco muito óbvio de *Marlborough* é a campanha excessiva e retaliadora de Churchill contra Macaulay — uma exceção estranha e insólita na habitual magnanimidade e na disposição de Churchill para esquecer erros passados. Mas afinal toda a finalidade de *Marlborough* ele declarou logo no princípio: "Uma longa sucessão dos mais famosos autores da língua inglesa esgotou as suas reservas de censura e insulto ao nome dele. Swift, Pope, Thackeray e Macaulay, nos seus diferentes estilos, competiram para apresentar à posteridade uma imagem abominável. Macpherson e Dalrymple abasteceram-nos com dados falsos e enganosos" (1: 17). A campanha de Churchill contra Macaulay prossegue indefinidamente. Sobre o caso de John Churchill com a influente Barbara Villiers, mais velha e muito rica: "Que repugnante alegar, a exemplo de lorde Macaulay, um motivo sórdido e asqueroso para ações inspiradas por essas conclusões esmagadoras que procedem ardentes do caldeirão da própria vida!" (1: 92). De vez em quando sua pesquisa obtém êxito notável: em uma irrepreensível nota de pé de página, Churchill prova que, em um caso, Macaulay confundiu William Penn com um escritor sem importância de nome Penne (1: 199). Em suma: "Está acima das nossas esperanças alcançar lorde Macaulay. A imponência e a amplidão do seu estilo de narrativa levam-no velozmente adiante. ... Podemos apenas esperar que a Verdade siga atrás com velocidade suficiente para pregar o rótulo 'Mentiroso' nas abas da sua elegante casaca" (1: 132). Macaulay não foi o único historiador a despertar a ira de Churchill. Sobre o austro-alemão Onno Klopp: "Uma lamúria e um murmúrio de despeito frustrado provêm dessas crônicas enfadonhas e pesadas" (1: 492).

Talvez a crítica mais severa a *Marlborough* tenha sido feita em 1934, após a publicação do primeiro volume, em um pequeno livro do historiador jacobita Malcolm V. Hay, *Winston Churchill e Jaime II da Inglaterra*. "Pode-se acreditar no sr. Winston Churchill? ... O sr. Churchill, eliminando do caminho tudo que pudesse impedir o avanço do seu raciocínio, seguiu a técnica não da história, mas da ficção." Na conclusão, Hay cita o prefácio do próprio Churchill: "Aguardamos com humildade toda correção ou contestação que o conhecimento diverso de estudantes e críticos proporcionará" (1: 20). "Se está realmente disposto a aceitar correção, o sr. Churchill apresentará desculpas no próximo volume, pela sua parcialidade em relação a Jaime II. A imparcialidade freqüentemente exige um esforço e um controle vigilante da vontade. Foi aqui que o sr. Winston Churchill falhou."* Sim, Churchill julgava que "os documentos jacobitas conservados no Scots College em Paris são uma das maiores fraudes da história" (1: 18-9). Entretanto, ele podia ser espantosamente imparcial em relação a provas e argumentos contrários aos

---

* Malcolm V. Hay, *Winston Churchill and James II of England*. Londres, 1936, p.8, 62.

seus. "Seria parcial extrair uma imagem da [rainha] Ana dos escritos da duquesa de Marlborough" (que Churchill admirava incondicionalmente. 1: 166). Que ele não era dogmaticamente anticatólico deve evidenciar-se do seu primoroso retrato do papa Inocêncio XI (1: 229-30). E eis um excelente exemplo de equanimidade, o reconhecimento do mérito do pró-jacobita *James II*, de Hilaire Belloc: "Um autor católico recente descrevera a oposição a Jaime como a resistência dos ricos e poderosos. Isso é verdade. Ela teve êxito porque os ricos e poderosos patrocinaram as causas e preconceitos que a massa apoiava mas que, sem liderança superior, era incapaz de defender" (1: 217).

Por fim, há as frases e passagens esplêndidas. Marlborough teria supostamente estudado de forma minuciosa o autor militar romano Vegetius. "Foi muitas vezes sugerido que, por algum misterioso ato da Providência, nosso protagonista conseguiu extrair vários raios de sol modernos desse pepino antigo" (1: 46). Sobre as cartas de Harley: "Há um certo embaraço pessoal nelas e um odor de lâmpada a óleo, recendente após dois séculos" (1: 540). "A Escócia mascou soturnamente as correias da união durante as desventuras de 1707" (2: 317). "Uma das mais fortes características inglesas é uma indiferença à lógica quando é provável que isso leve a sérias dificuldades" (1: 545).

Um outro livro que Churchill publicou na década de 1930 foi uma coleção de alguns dos seus retratos literários, com o título *Contemporâneos ilustres*. À sua maneira, é uma das três obras biográficas de Churchill. É claro que a arte de um biógrafo e a de um historiador não apenas se sobrepõem: muitas vezes elas são exatamente idênticas. E *Contemporâneos ilustres* era muito mais do que uma coleção de obras díspares e muitíssimo mais do que obras de qualidade inferior. Muitos dos perfis de diversas personalidades (nem todas britânicas) não apenas são bem escritos como se distinguem por um discernimento que ultrapassa a arte de esboçar perfis.*

---

* Cf. o seu perfil de Hitler, citado no cap.I.

Dedico-me agora às histórias das duas guerras mundiais escritas por Churchill. Ele as escreveu em circunstâncias muito distintas e durante fases muito diferentes de sua vida — *A crise mundial* na década de 1920, *A Segunda Guerra Mundial* entre 1948 e 1953. Trabalhou durante dez anos na primeira, durante cinco na segunda. A primeira compõe-se de cinco volumes, a segunda de seis. Ele recebeu muito mais ajuda de historiadores e assistentes para a segunda do que para a primeira. Entretanto, tendo a achar que a história da Segunda Guerra Mundial é a melhor das duas. O eminente historiador militar sir Charles Oman foi um crítico severo de *A crise mundial*. Houve também outros.* Churchill dedica páginas demais dessa história a justificar algumas das suas decisões, tal como Dardanelos — embora não sem uma concessão de autocrítica. Além disso, a qualidade dos volumes vai decaindo. O último, *A frente oriental*, publicado em 1931 e o mais curto, foi um acréscimo posterior. (Ele escreveu-o quando já se achava profundamente envolvido na redação de *Marlborough*.) Mais uma vez, a combinação de história e autobiografia, inspirada em Defoe, funciona melhor em *A Segunda Guerra Mundial* do que na volumosa história da Primeira: mas afinal isso é natural, pois ele era o primeiro-ministro e o principal oponente da Alemanha de Hitler durante a maior parte da Segunda Guerra. A qualidade, a coerência e o ritmo dos seis volumes de *A Segunda Guerra Mundial* são mais regulares, ainda mais do que os de *A crise mundial*.

Mas também nesse caso há elementos para crítica. A mais sólida refere-se ao primeiro volume, *A tempestade em formação*, em que — para mencionar apenas um exemplo — a descrição de Stanley Baldwin é desarrazoada e parcial. Há outros exemplos semelhantes, embora talvez menos autojustificativos do que em *A crise mundial*. Em *A Segunda Guerra Mundial*, o objetivo principal de Churchill é menos justificar-se do que justificar a sua perspectiva: se ao menos os governos britânico e francês se houvessem conduzido melhor, essa

---

* Ver também Robin Prior, *Churchill's World Crisis as History*. Londres, 1983.

guerra poderia ter sido evitada. Isso é discutível. John Ramsden, que não é um crítico habitual de Churchill, em sua valiosa conferência cita Churchill que, em *A tempestade em formação*, insiste que em 1936 teria sido possível deter Hitler, se ao menos os franceses se houvessem mobilizado: "Não resta dúvida de que Hitler teria sido forçado pelo seu Estado-maior a recuar e teria sido colocado um freio às suas pretensões que bem poderia ter sido fatal ao seu governo." "Observe-se a maneira", diz Ramsden, "como essa frase desliza imperceptivelmente de um confiante 'não resta dúvida', passando por dois esperançosos 'teria sido', até um sugestivo 'bem poderia ter sido'. Era sobre esse frágil fio de sintaxe que se apoiava a tão repetida afirmação de Churchill de que (como ele expressou em Fulton) 'nunca houve em toda a história uma guerra mais fácil de evitar'." Isso é muito bom.* De outro lado, há muitos exemplos da magnanimidade de Churchill em *A Segunda Guerra Mundial* — talvez o principal dentre eles seja a decisão de omitir totalmente a controvérsia com Halifax, que desejava pelo menos sondar uma potencial negociação com Hitler, durante cinco dias muito críticos em maio de 1940. (Outro exemplo é o já mencionado abrandamento do registro das suas divergências com os americanos em 1944-45.) Plumb, de resto muito crítico da historiografia de Churchill, admite: "O historiador Churchill encontra-se no próprio cerne da historiografia da Segunda Guerra Mundial, e aí permanecerá."**

Existe ainda outra diferença entre as duas histórias das guerras mundiais. Há um objetivo de *A Segunda Guerra Mundial* que persiste em *Uma história dos povos anglófonos*.*** Ambos são exortativos. Creio que foi Samuel Johnson quem afirmou que nós estamos

---

* Ramsden, "That Will Depend on Who Writes the History", p.14. Ramsden observa também que em fevereiro de 1938 Churchill assinou uma carta de confiança, assegurando a Chamberlain o seu apoio — ao contrário da impressão que o leitor tem a partir de *A tempestade em formação*.

** Plumb, "The Historian", p.166.

*** Falando de um modo geral, os dois últimos volumes de *Uma história dos povos anglófonos* são melhores que os dois primeiros. Churchill não era especialmente interessado pela Idade Média.

aqui menos para instruir as pessoas do que para fazer com que elas se lembrem. Nessas duas obras, de vários volumes e de resto muito diferentes, o objetivo de Churchill é fazer os povos anglófonos lembrarem-se de sua herança, do que eles haviam sido capazes de realizar, das suas próprias virtudes. Isso fica evidente na "moral" de *A Segunda Guerra Mundial*: "Na guerra: determinação. Na derrota: disposição para resistir. Na vitória: magnanimidade. Na paz: boa vontade" — como também na decisão de Churchill de não escrever nada acerca daqueles dias e noites dramáticos no final de maio de 1940, em que ele prevaleceu e em que ele estava certo e Halifax, errado. Em vez disso, ele escreve que naqueles dias "todo o Gabinete de Guerra tinha a mesma opinião". E: "Havia um fulgor branco, irresistível e sublime, que cobria nossa ilha de um extremo ao outro" (1: 89, 100).

"Deve-se admitir", diz Maurice Ashley na conclusão do seu excelente livro *Churchill as Historian*, "que faltava a Churchill aquela aplicação científica completa, possível no recolhimento das universidades, embora a sua capacidade de concentração e sua habilidade para dar conta dos detalhes fossem formidáveis. ... Churchill podia ser obstinado, como sabiam os que o ajudavam a escrever os livros e, embora pudesse ceder à persuasão, era difícil persuadi-lo. Creio que se deve admitir ser esta a principal falha de Churchill como autor histórico. Clio é uma ama inflexível e exige muita devoção. ... Ele nunca teve o tempo nem a tendência para se absorver completamente nesse trabalho nem para rever a obra em detalhes, à luz do conhecimento posterior. Ele preferia fazer a história a escrevê-la."* Isso é em grande parte verdade (exceto talvez a questão de se a reconstituição histórica consiste em "aplicação científica completa" e se ela é verdadeiramente praticada no recolhimento das universidades). Soa mais verdadeira e mais justa do que a conclusão de David Reynolds, na sua comunicação na conferência sobre Churchill de 2001: "Na década de 1950, poder-se-ia dizer que Churchill era um prisioneiro da história — a sua própria história da década de

* Ashley, *Churchill as Historian*, p.230-1.

1930. Revelou-se mais fácil fazer a história do que desfazê-la."* Reynolds exagera ao afirmar que as noções aceitas sobre Baldwin, Chamberlain, Munique, apaziguamento haviam sido, em grande parte, obra de Churchill. Reynolds, porém, merece reconhecimento pela pesquisa nos documentos nos Arquivos Churchill, reconstituindo grande parte da redação de *A tempestade em formação*. John Ramsden, mais simpático a Churchill, salienta outras deficiências da pesquisa de Churchill, uma delas já em 1948, quando ele não conseguiu que o presidente Truman liberasse algumas das cartas de Franklin Roosevelt.

Permitam-me, porém, examinar agora um tema mais amplo e mais profundo, que ultrapassa o método e o objetivo de Churchill ao escrever as histórias (ao mesmo tempo em que devemos entender que o objetivo é com freqüência inerente ao método, como todo "porquê" é inerente a todo "como"). Em 1933 A.L. Rowse, em *O fim de uma era*, declarou que Churchill, "ao contrário de Trotski [!], não possui uma filosofia da história". A afirmação foi citada e repetida em 1962 por E.H. Carr, em *O que é história?*** Isso é um absurdo completo. Esses famosos intelectuais acadêmicos britânicos não conseguem compreender que Churchill possuía algo bem mais essencial do que uma filosofia sistemática da história (que, segundo o eminente historiador Jacob Burckhardt, é uma contradição em si mesma: "Uma filosofia da história é um centauro, uma contradição em termos: pois a história coordena e, por conseguinte, é não-filosófica, enquanto a filosofia subordina e, por conseguinte, é não-histórica."). Churchill possuía algo muito diferente: uma filosofia histórica. (Pobre Trotski! Ele *possuía* uma filosofia da história! Ela não lhe trouxe nenhum proveito. Não me refiro unicamente à sua trajetória política. O que ele escreveu no exílio mostra que a sua interpretação das realidades históricas daquela época — a década de 1930 — estava lamentavelmente equivocada, exatamente ao con-

---

* Reynolds, "Churchill's Writing of History", p.247.

** A.L. Rowse, *The End of an Epoch: Reflections on Contemporary History*. Londres, 1947, p.282-3; E.H. Carr, *What is History?* Nova York, 1962, p.54.

trário da interpretação de Churchill...) Depois de trinta e cinco anos e uma Segunda Guerra Mundial, J.H. Plumb, no ensaio sobre "O historiador", resvala e desliza (e cai) em outra ladeira escorregadia, ao escrever sobre a historiografia de Churchill: "Havia, e há, na sua obra um toque do filisteu"; "Ele nunca conheceu a fundo as gigantescas figuras intelectuais da sua juventude e princípio da idade madura — Marx e Freud." (Tendo a pensar que isso pode ter sido bom para Churchill, não uma desvantagem.) Segundo Plumb, as omissões em *Uma história dos povos anglófonos* são "indicativas da principal falha de Churchill tanto como historiador quanto como estadista: faltava-lhe uma percepção dos motivos mais profundos que controlam a sociedade [Economia, Alguém?] e a fazem mudar, exatamente como lhe faltava um interesse pelos motivos humanos mais profundos [Como, por exemplo, pelos de Hitler?]."*

Em 1962, E.H. Carr escreveu: "Antes de estudar a história, estude o historiador" e "antes de estudar o historiador, estude o seu ambiente histórico e social". Essa meia-verdade** tem sido com freqüência aplicada a Churchill, erroneamente. Segundo Plumb, mais uma vez: "Para compreender o historiador Churchill, deve-se examinar com maior atenção a sua herança, sobretudo as pressuposições históricas da sua classe." Isso é excessivamente simples. Como escreve Roy Jenkins, um dos seus mais recentes biógrafos: a formação aristocrática de Churchill não era "a chave para toda a sua carreira. Churchill era uma personalidade demasiadamente multifacetada, idiossincrática e imprevisível para se permitir ficar aprisionado pelas circunstâncias do seu nascimento".*** Historiadores tão diferentes como Plumb e Charmley classificaram Churchill como um whig aristocrata prototípico, o que é questionável a julgar unicamente pelas suas avaliações históricas (de que são exemplos as maneiras como trata os whigs da década de 1680 em *Marlborough* e aqueles de dois séculos mais tarde, em *Lorde Randolph Churchill*).

---

* Plumb, "The Historian", p.142, 155.

** A respeito dessa meia-verdade, ver John Lukacs, *At the End of an Age*. New Haven, 2002, p.68-9.

*** Roy Jenkins, *Churchill*. Nova York, 2001, p.3.

No entanto, Plumb, que insiste na insuficiência da extensa pesquisa de Churchill para *Marlborough*, escreve: "Embora sujeita a críticas como história, continua a ser uma esplêndida obra de arte literária." E sobre *Uma história dos povos anglófonos*: "Ela contém a sua crença secular. Como história, ela fracassa, irremediavelmente; como monumento da percepção do passado de um inglês ilustre, é um êxito admirável." Mas essas duas questões são totalmente separáveis? Se alguém tem a percepção correta (e apurada) do passado, a sua história pode estar totalmente incorreta? Afinal, Plumb escreve também que "a história não era, para Churchill, como a pintura, algo a que alguém se dedicava como distração ou tão-somente para levantar fundos para cobrir despesas colossais. A história achava-se no âmago da sua crença. Permeava tudo o que ele tocava, era a mola-mestra dos seus princípios políticos e o segredo da sua imensa mestria ... E arrisco-me a achar que somente um estadista imerso na história poderia ter incitado e fortalecido a nação como fez Churchill durante aqueles anos." Como conclui Maurice Ashley sobre o historicismo de Churchill: "Deve-se reconhecer que ele prezava os vereditos da história e tinha consciência, em tudo o que fazia e dizia como primeiro-ministro, de que os historiadores um dia o examinariam e avaliariam."* Esses são tributos apropriados a Churchill, o fazedor de história; a um estadista cuja mente estava imersa na história. Existem histórias ruins que são escritas de forma eficaz ou até bem escritas, mas não pode existir nenhuma história boa que não seja bem narrada ou bem escrita. Afinal, seja qual for a pesquisa, não há nenhum fato histórico cujo significado exista separadamente da sua exposição, da própria fraseologia.

Churchill moldou o próprio estilo. Ele foi influenciado por Gibbon e Macaulay, mas não lhes seguiu os passos. Em cada um dos seus livros há uma profusão de passagens e frases impressionantes. Reproduzo apenas algumas delas, que recolhi e rabisquei em diversos pedaços de papel, ao longo de quase uma vida de leitura. Em

* Plumb, "The Historian", p.142, 134, 151, 153, 155, 137, 167; Ashley, *Churchill as Historian*, p.231.

Lorde Randolph Churchill, sobre os whigs: "O debate foi anunciado durante vários dias por muito rosnado parlamentar." Sobre alguns dos tóris: "os autoritários prosaicos que agastam os corações dos povos celtas". Em *Marlborough*, sobre Carlos II: "Por mais que manobrasse, tergiversasse e simulasse, ele sempre se submetia, e sempre tencionava submeter-se, com presteza ao rosnado profundo de seus súditos e à autoridade das suas instituições inexpugnáveis". Sobre Jaime II, em 1686: "Não, ele não rejeitaria sequer a massa tacanha e teimosa, que acorrera aos estandartes de Monmouth no Oeste, ou o aguardara em outro local, cuja crença era a própria antítese da sua e cujos pais haviam cortado a cabeça do seu pai". Em *A crise mundial*, sobre 1914: a Alemanha "retinia obstinada, temerária e desastradamente em direção à cratera e arrastava todos nós consigo." E sobre 28 de julho de 1914, quando a Primeira Frota partia de Portsmouth em direção a Scapa Flow, pelo canal da Mancha: "dezenas de gigantescos castelos de aço seguindo seu caminho pelo mar enevoado e reluzente, como gigantes curvados em apreensiva meditação". Uma passagem imortal! Ou sobre o almirante alemão, von Spee, impedido de reabastecer ou consertar os seus navios: "Ele era uma flor cortada em um vaso, bela de se ver, porém fadada a morrer — e morrer muito breve — se a água não fosse renovada". Sobre um general que ordenou a retirada de Gallipoli: "Veio, viu e capitulou". Em *As conseqüências*, sobre a Rússia após a revolução bolchevique: "A Rússia ficou congelada em um inverno indefinido de doutrina subumana e tirania sobre-humana". Em *Uma história dos povos anglófonos*, sobre o rei Carlos, isolado no castelo de Carisbrooke, em 1647: "Aqui, onde um burro marca passo em uma perpétua roda d'água, ele ficou durante quase um ano, indefeso, sacrossanto, um rei espiritual, um instrumento cobiçado, uma parcela fascinante, um sacrifício supremo." (O burrinho triste e solitário, girando sem parar em torno da roda d'água, cativou a imaginação de Churchill. Ele deve ter achado que precisava inseri-lo na descrição. Essa não era a utilização de um conhecido clichê histórico, não era como os gansos do Capitólio ou um reino por um cavalo. Só conheço uma história de Carlos II ou da guerra civil inglesa em que esse burro foi mencionado.)

A filosofia histórica de Churchill era evidente. Ele não só refletia profundamente sobre a história, com o que me refiro aos acontecimentos e sua evolução. Vale a pena citar o que ele ocasionalmente escreveu ou disse sobre a natureza mesma do conhecimento histórico, por muitas razões, uma das quais a de haver resisitido à prova do tempo. Em *Lorde Randolph Churchill*: "Dificilmente existe uma fonte mais abundante de erro na história do que o desejo natural dos autores — sem levar em conta a superposição e a interação de lembranças, princípios, preconceitos e esperanças, e a reação de condições físicas — de descobrir ou fornecer explicações simples para os atos dos seus personagens." Ou considere-se esta passagem acerca dos debates sobre a Autonomia — fazendo eco a Burke, que afirmou que não se pode e não se deve compreender os homens totalmente separados de suas circunstâncias históricas: "Pode surgir uma geração na Inglaterra que contestará a orientação política [deles] ... tão pouco quanto nós contestamos a conveniência da Emancipação Católica e que estudará os registros das discussões veementes de 1886 com o ar superior de um professor moderno examinando as controvérsias da Igreja primitiva. Mas isso não demonstrará que os homens de 1886 eram incorretos ou tolos no discurso e na ação." (Bem, alguns deles eram...) Ou esta notável passagem da sua oração fúnebre para Chamberlain, em novembro de 1940: "Não é concedido aos seres humanos, felizmente para eles, antever ou predizer em grande medida o desenrolar dos acontecimentos. ... [Mas] existe um novo equilíbrio, existe outra escala de valores. A história, com a sua lâmpada bruxuleante, anda aos tropeções pela trilha do passado, tentando reconstituir-lhe as cenas, reviver-lhe os ecos e iluminar com raios tênues as paixões de tempos antigos."

"O historiador mais medíocre deve algo à verdade."*

"Churchill, o historiador" é um livro ainda a ser escrito.**

---

* Churchill (em 1899!), citado por Ashley, *Churchill as Historian*, p.47.

** Frederick Woods, *A Bibliography of the Works of Sir Winston Churchill*. Londres, 1975, 2ª ed. rev. Uma bibliografia extensa, preparada por Ronald I. Cohen (Manotick, Ontário), deve ser publicada em breve. Cf. também Eric Stainbaugh, *Winston Churchill: A Reference Guide*. Boston, 1985.

7

Seus fracassos. Seus críticos

Churchill: Um estudo sobre o fracasso, 1900-1939 é o título de uma obra de Robert Rhodes James, escrita e publicada há mais de trinta anos. É um dos melhores livros (tendo a classificá-lo pelo menos entre os seis melhores) a respeito de Churchill, dentre as muitas centenas que existem. É triste registrar que o autor morreu na flor da idade; ele poderia ter nos enriquecido com mais bons livros, talvez um outro sobre a vida de Churchill após 1939. Mas 1º de setembro de 1939 (ou, o mais tardar, 10 de maio de 1940) assinala a principal mudança. Antes disso, os erros, enganos e reveses de Churchill foram em número suficiente para que muitas pessoas responsáveis desconfiassem dele — na verdade os atribuíssem a falhas no seu caráter. Ainda assim, ele veio a ser o primeiro-ministro da Grã-Bretanha e, posteriormente, em *seu* momento de maior glória, o salvador da civilização ocidental. A curto prazo, a ascensão a primeiro-ministro poderia ter sido prevista naquela época, já que todas as suas advertências acerca de Hitler se tornara realidade. No fim das contas, de forma alguma isso seria previsível: foi uma espécie de milagre. Ou, para citar o meu provérbio preferido: "Deus escreve certo por linhas tortas."

E tortas eram as linhas, devido aos seus vários reveses, muitos suscitados por ele mesmo. Churchill possuía uma mente extraordinariamente ágil, algo que pode ser um trunfo formidável — às vezes —, mas que também pode levar a conclusões prematuras, para não falar nas reações previsíveis de pessoas destituídas dessa acuidade e vivacidade mentais, reações que variam de reserva e cautela a desconfiança e inveja. Neste breve livro e neste breve capítulo, só posso relacionar ou resumir os seus erros e fracassos. Alguns deles são bem conhecidos. Outros não. Bem conhecida é a sua transferência, inaudita e extremamente fora do comum, de um dos grandes partidos parlamentares para o outro e, depois, a volta ao primeiro. Ele iniciou a carreira política e parlamentar em 1900 como conservador, porém não era um partidário ferrenho, mas antes um rebelde; depois passou-se para os liberais, mas também se decepcionou com aquele partido; após vinte anos, voltou para junto dos conservadores, mas era, de novo, um rebelde nas suas fileiras. Ele sabia o que isso significava. "Os conservadores nunca gostaram de mim", disse ele certa vez — mais precisamente, a maioria dos conservadores não gostava — e, de fato, só depois de julho de 1940, eles se colocaram, de modo mais ou menos unânime, a seu lado.

No entanto, políticos de destaque reconheceram com freqüência o talento desse dissidente, apesar de alguns dos episódios polêmicos e pitorescos no início da sua carreira. Assim, ele foi nomeado ministro do Interior e, depois, em 1911, primeiro lorde do Almirantado. Devido à perspectiva de uma potencial guerra com a Alemanha, a ser travada em alto-mar entre frotas enormes, esse talvez fosse o cargo governamental mais importante antes da guerra. No entanto, o preparo e as experiências de Churchill haviam sido no Exército. Quando assumiu o cargo, ele pouco sabia sobre a Marinha. Seu desempenho como ministro foi controverso. Os historiadores ainda debatem os prós e os contras, quase um século depois. Seu maior feito foi a prontidão da Esquadra Nacional em julho de 1914, condição cujo mérito lhe devia ser atribuído (ele próprio declarou que foi uma das realizações mais importantes da sua vida). Ao mesmo tempo, ele era insensato e impulsivo, muitas vezes com resultados desastrosos, ou quase. James cita um "discurso extremamente insensato que [Churchill] fez em Liverpool, em 21 de setembro de 1914, em que declarou que, se a marinha alemã não se apresentasse para lutar, 'seria desentocada como ratos de um buraco'". No dia seguinte, três cruzadores britânicos foram afundados, incidente que levou o rei a comentar com Asquith, o primeiro-ministro, que "os ratos se apresentaram espontaneamente e à nossa custa".* Duas semanas depois, Churchill fez uma proclamação dramática: conduziria uma força britânica até Antuérpia, para livrar esse importante porto da ocupação alemã; se necessário, renunciaria ao ministério em troca de tal comando. Ele não precisou demitir-se: obteve o comando, mas a expedição fracassou.

Chegamos então a Dardanelos. Logo no início da guerra, antes de outros (inclusive Kitchener), Churchill percebeu a perspectiva desoladora, na verdade horrenda, de uma guerra estática na frente ocidental, com massas de soldados atolados entre lama e arame farpado. Sua mente fértil, reforçada pelo conhecimento de casos de histórias anteriores de iniciativas britânicas no Mediterrâneo, levou à idéia de uma força-tarefa que abrisse caminho pelo estreito de Dardanelos, chegasse a Constantinopla em um ou dois dias e, assim, eliminasse imediatamente da guerra a Turquia (que parecia o aliado mais fraco da Alemanha): um triunfo notável que também levaria à abertura de uma valiosa saída marítima até a Rússia, assim como à rápida aglutinação de uma frente balcânica de Estados, que ameaçaria, pelo sul, o império austríaco, principal aliado da Alemanha. No final de outubro de 1914, Churchill conduzira lorde Fisher de volta ao Almirantado, como comandante supremo da Marinha. "Jacky" Fisher possuía traços de gênio, inclusive muitas variedades de percepção, concedidos a alguns dos mais ilustres almirantes ingleses desde Nelson. Estava então com mais de setenta anos, mas a sua agilidade mental (com explosões esporádicas) era extraordinária. Ele e Churchill tinham muito em comum. Um admirava a vivacidade da inteligência do outro. Mas Fisher julgou (e disse) que o plano de Dardanelos era inconveniente por ser inexeqüível. Ainda assim, Churchill conseguiu levar o plano adiante. Fisher tinha razão. Encouraçados e outros navios de guerra foram afundados; o restante das frotas teve de dar meia-volta; a artilharia naval não conseguiu

---

* Robert Rhodes James, *Churchill: A Study in Failure, 1900-1939*. Nova York, 1970, p.66.

destruir (e não se devia ter esperado que o conseguisse) os canhões das fortificações em terra firme; a decisão subseqüente de desembarcar tropas e conquistar a península de Gallipoli por terra se revelou em outra calamidade lamentável. Churchill estava errado — não só tática como também estrategicamente. O que sabemos sobre a capacidade e a mobilidade dos alemães indica nitidamente que, mesmo se a investida através de Dardanelos tivesse sido bem-sucedida, mesmo se Constantinopla e a Turquia tivessem sido afastadas da guerra, um conseqüente avanço pelos Bálcãs não era o caminho para chegar às partes vitais da Alemanha.*

Fisher demitiu-se e Churchill teve de sair. Foi o período mais desolador de sua carreira. Anos depois, ao escrever a história da Grande Guerra, ele se defendeu sem amargura nem disposição vingativa, dando-nos a impressão de que, com um pouquinho mais de sorte (e inteligência), os navios poderiam ter atravessado: mas, como eu afirmei, o valor de todo o plano era discutível. Entretanto, há um argumento de Churchill em *A crise mundial*, raramente observado, que exige atenção. No final das centenas de páginas dedicadas a Dardanelos, ele escreveu que o fracasso da tentativa ali foi uma contribuição fatal à decepção dos russos com os aliados ocidentais, à sua relutância em prosseguir com a guerra, à revolução e ao colapso posteriores da Rússia. Um argumento válido e convincente. (Exceto pela convicção de Churchill de que a prometida entrega de Constantinopla, um prêmio reluzente aos russos, valesse a pena; e quanto tempo *isso* teria durado, em uma época de nacionalismos?)

---

* Com todo o respeito devido a Fisher, grande parte disso aplicava-se ao seu plano audacioso, à sua alternativa a Dardanelos assim como ao impasse em Flandres e na França. Fisher propôs enviar a Esquadra Nacional para águas alemãs, bloqueando o canal de Kiel, em seguida contornando a Dinamarca até o Báltico, desembarcando nas praias planas da Pomerânia, a menos de 145km de Berlim, colocando em terra firme soldados britânicos e mais de cem mil soldados russos. Um plano provavelmente fadado a fracassar, exatamente como foi o desembarque britânico na Holanda com tropas britânicas e russas, em 1799.

Seja como for, essa perspectiva de Churchill sugere a ligação com o fracasso seguinte na sua carreira, a sua insistência no combate aos bolcheviques, com pelo menos um parcial envolvimento britânico na guerra civil russa. Três anos, no máximo quatro, após Dardanelos, nós o vemos argumentando, contra Lloyd George, contra o governo, contra os comandantes militares da Grã-Bretanha, contra a maioria da população britânica, tentando derrubar o regime bolchevique na Rússia, principalmente (mas não exclusivamente) equipando, armando e de resto ajudando os generais brancos, talvez sobretudo o general Denikin, lutando contra os vermelhos, marchando de um lado para o outro das Rússias. E aí Churchill fracassou também, menos devido à incapacidade de impressionar o governo do que devido às fragilidades fatais dos próprios brancos. "Antuérpia, Dardanelos, Denikin": Winston Churchill significava encrenca, segundo o seu inimigo Sir Henry Wilson, em 1919.

Ele se recuperou. Sua carreira política não estava terminada. Ele foi incluído em gabinetes: ministro das Munições, ministro da Guerra e do Ar* na Secretaria de Estado para as Colônias. Em 1924, mudou novamente de partido: teve, na melhor das hipóteses, uma acolhida indiferente no Partido Conservador. Mas não era um rejeitado; havia líderes que achavam que tinham de levar em consideração as suas aptidões incomuns. Assim, em 1925, coube-lhe outro alto cargo, o de ministro das Finanças. E ali se manifestou outro fracasso. Em 1911, ao assumir a direção do Almirantado, ele sabia muito pouco sobre assuntos navais; em 1925, ao assumir a direção da Fazenda, sabia ainda menos sobre economia e finanças. Ao contrário de 1911, quando se entusiasmou com a aprendizagem e o interesse pela Marinha, em 1925 ele estava (e permaneceu) sem entusiasmo e sem grande interesse pelas teorias e pelo jargão dos

---

* Durante 1919 e 1921, Churchill reduziu drasticamente os então ambiciosos planos do Estado-Maior da Aeronáutica em pelo menos 80%. (Talvez seja interessante observar que seu pai, de resto um nacionalista razoavelmente militante, tentara reduzir as verbas do Exército e da Marinha vinte e cinco anos antes, quando era ministro das Finanças, o que levou à sua demissão do gabinete de Salisbury.)

economistas. Entretanto, o fracasso subseqüente não foi necessariamente obra sua. Ao fazer a libra esterlina voltar ao padrão-ouro de antes da guerra, ele se fiou em pareceres abalizados. Não foi devido ao seu tratamento incompetente que a questão acabou malogrando.

A não ser entre determinados conservadores, a reputação de Churchill não sofreu muito devido a esse período. Ele seguiu adiante, impondo-se ao mundo, inclusive aos Estados Unidos, com cada vez mais palestras, jornalismo, elaboração e publicação das histórias da Primeira Guerra Mundial. O número de leitores era grande. E ele era ainda imperialista — numa época em que alguns ingleses conscientemente, e muitos outros menos conscientemente, se haviam cansado do Império, ou pelo menos do rigor das suas responsabilidades imperiais. O resultado foi mais uma explosão pública, um grande protesto, um fracasso. Isso prosseguiu durante anos. Ele atacou a decisão dos governos (primeiro conservador, depois trabalhista, depois nacional) de conceder o status de Domínio à Índia. Seus discursos, declarações e artigos soavam muitas vezes radicais (ainda que suas profecias não devessem ser descartadas tão facilmente). Tais pronunciamentos são bem conhecidos pelos historiadores, não há necessidade (nem espaço) de ilustrá-los com excertos. Devo, porém, citar o comentário sucinto de Robert Rhodes James: "Quando as pessoas hoje se perguntam por que Churchill não foi levado a sério por tantos políticos e jornalistas então, devem ser lembradas as suas [irresponsáveis] atuações [daquela época]. O que pode ser perdoado em um político jovem que busca tornar-se conhecido e atrair atenção — embora irresponsavelmente — não é facilmente perdoado a um ex-ministro de gabinete mais velho, em um assunto de tão relevante importância."* Ele havia passado dos sessenta anos, entrara na sétima década da sua vida, quando o projeto de lei sobre a Índia foi enfim aprovado em 1935. Era desdenhado pelo próprio partido, excluído do pensamento de muitos, uma figura talvez interessante porém à parte, na melhor das hipóteses.

---

* James, *Churchill*, p.234.

Ele era um reacionário, mais do que um conservador, na margem do espectro da política britânica. Durante quase seis anos foi agitado pela controvérsia acerca da Índia. Por volta de 1930, porém, outra questão o absorvia: uma desilusão com a democracia liberal e parlamentar, com as suas instituições corrosivas, com as suas perspectivas. Um exemplo disso, apenas um, foi o respeito e a admiração por Mussolini, com quem se encontrou em 1927. "Um homem realmente notável", afirmou ele em 1935, elogiando-o ainda em 1937, embora um ano depois mudasse de idéia a seu respeito. Churchill tinha um certo apreço por governantes autoritários, que era como considerava Mussolini: um enérgico restaurador da lei e da ordem, que reprimia o perigo do comunismo e governava dentro dos limites da civilização, preservando-lhe as liberdades. Ele não estava inteiramente equivocado ao perceber a diferença entre autoritarismo e tirania totalitária (embora Mussolini possa ter sido o primeiro a utilizar a palavra *totalitário*, de forma positiva, já em 1926). Outro exemplo: em 1931, ao colaborar com o prefácio para um livro intitulado *Ditadura*, de um austríaco (Otto Forst de Battaglia), Churchill escreveu que, em determinadas circunstâncias, um regime ditatorial poderia ser oportuno, mas claro que não para a Grã-Bretanha. Nas suas memórias, esplendidamente escritas, *Meus primeiros anos*, em 1930 ele reexaminou a cena política em 1900. "Devo explicar que, naqueles tempos tranqüilos, tínhamos uma verdadeira democracia política conduzida por uma hierarquia de estadistas, e não uma massa fluida aturdida pelos jornais. ... Tudo isso foi antes de a liquefação do sistema político britânico se haver estabelecido." Nesse mesmo ano, em sua conferência Romanes, em Oxford (mas também em outras ocasiões), ele contestou o princípio e a prática do sufrágio universal. "A democracia mostrou-se indiferente acerca dessas mesmas instituições pelas quais a sua situação política foi alcançada. Ela parece disposta a entregar os direitos palpáveis duramente conquistados em séculos difíceis a organizações partidárias, a ligas e sociedades, a chefes militares ou a ditaduras sob diversas formas." Sobre o sufrágio universal, ele escreveu em 1932: "Por que neste momento devemos impingir às raças incultas da Índia esse mesmo sistema, cujas inconveniências são agora sentidas mesmo nas nações mais altamente desenvolvidas, nos Estados Unidos, na Alemanha, na França e na própria Inglaterra?"*

Churchill manifestamente dava prioridade ao fascismo sobre o comunismo. Ele inclusive afirmou no Parlamento, já em 1937: "Não fingirei que, se tivesse de escolher entre o comunismo e o nazismo, escolheria o comunismo." Isso não deve ser mal interpretado. Creio que ele considerava o comunismo uma mentira e o nacional-socialismo uma meia-verdade e sabia (como souberam filósofos tão diferentes como são Tomás de Aquino e La Rouchefoucauld) que uma meia-verdade é mais perigosa por ser mais atraente do que uma mentira. E que na mesma época, 1937, ele via o Terceiro Reich de Hitler sendo (e rapidamente se tornando) mais perigoso do que a União Soviética. Mas, pelo menos na opinião deste autor, devemos reconhecer-lhe também algo mais. Ele, na extrema direita dos conservadores, teria disposto de amplas razões para simpatizar com Hitler. A "democracia tóri", que o pai e ele apoiaram, tinha afinal algumas coisas em comum com a conformidade entre nacionalismo e socialismo que Hitler apoiava e que parecia ser um desenvolvimento universal, se bem que sob diferentes formas, na década de 1930. De um lado a outro do mundo, e mesmo na Grã-Bretanha, muitos conservadores de direita e também muitos trabalhistas de direita (considere-se somente Mosley) não só decidiram dar a Hitler um crédito de confiança como chegaram perto de simpatizar com a sua causa. Churchill não decidiu assim — devido à sua visão e devido ao seu caráter.

Ele era também um homem que podia mudar de opinião, como mudava, e não por oportunismo. Ele que havia contestado o sufrágio universal (até 1935 achava que talvez devesse ser limitado ou dobrado para chefes de família) tornou-se, durante a guerra, o defensor e porta-voz mundial da democracia parlamentar. (Assim como mudou de opinião sobre a autonomia irlandesa e o voto feminino décadas antes. Na biografia do pai, ele o citou: "Uma

---

* Citado por Robert Rhodes James em "The Politian", in *Churchill Revised: A Critical Assessment*. Nova York, 1969, p.113-4.

mente inalterável é algo admirável — algo que eu espero ardentemente jamais possuir.") Até 1935 ele falava sobre "essas flores murchas do liberalismo vitoriano".* Mas ele tinha então outra grande preocupação: a ascensão da Alemanha. Parafraseando suas palavras sobre o que ocorrera subitamente em julho de 1914: as nuvens de poeira e brumas letárgicas da Índia desvaneceram-se e uma luz estranha começou imediatamente, e com gradações perceptíveis, a incidir e se intensificar sobre o mapa da Europa. Ele estava praticamente sozinho nesse enfoque; a maioria dos seus contemporâneos não via assim. Sabemos disso agora. Mas também sabemos que ele estava enganado nos números exagerados sobre os armamentos alemães, sobretudo da força aérea alemã. Ele, que fora um defensor precoce e muito sensato da guerra com tanques em 1917, estava também enganado sobre a perspectiva próxima de ofensivas motorizadas blindadas. Estava igualmente enganado sobre a vulnerabilidade, pelo ar, dos navios de guerra. Entretanto, esses não foram os motivos por que não conseguiu impressionar o Parlamento naquela época, inclusive os membros que, embora não concordassem necessariamente com ele, muitas vezes se interessavam, ou pelo menos se divertiam com a sua retórica. Nos anos de 1934 a 1938, eles o consideraram repetitivo. Estava começando a entediá-los. Então, a essas falhas acrescentou-se, substancial, a defesa obstinada de Eduardo VIII durante a crise da abdicação em 1936. Como escreve A.J.P. Taylor: "Ele cometeu todas as inconveniências possíveis durante a crise."** Em certa ocasião, fizeram-no calar aos gritos na Câmara dos Comuns. Como escreve Geoffrey Best: "Foi o episódio mais humilhante em sua carreira parlamentar." Em janeiro de 1938, ele atacou o Tratado Irlandês, embora este fosse bastante moderado.

Chegamos assim ao ano de 1938, que foi talvez o nadir da sua carreira política, ao passo que foi o melhor ano de Hitler. Churchill era então manifestamente o adversário de Neville Chamberlain (que já em 1925 expressara sua antipatia por Churchill). Os tempe-

---

* *Lorde Randolph Churchill*. Londres, 1906, 1: 341.

** A.J.P. Taylor, *English History: 1914-1945*. Oxford, 1965, p.404.

ramentos de ambos eram muito diferentes. Em 1938 também o eram as orientações políticas de ambos e o rumo que procuravam estabelecer para a nação. A Grã-Bretanha não devia envolver-se em uma guerra européia a fim de combater Hitler, pensava (e dizia) Chamberlain, enquanto Churchill dizia: se preciso for, temos que ir. Em retrospecto, Churchill parece ter acertado. No seu retrospecto, ele escreveu e insistiu a esse respeito dez anos depois, no primeiro volume da história da Segunda Guerra Mundial. No entanto, ele estava errado — pelo menos em um sentido, ainda que não o admitisse. Em um capítulo anterior, sustentei que, ao contrário da sua convicção em 1938 e também de sua reconstituição após a guerra, existem poucos sinais e nenhum motivo para crer que a Rússia de Stálin teria ficado ao lado das democracias ocidentais, em um apoio militar à Tchecoslováquia em outubro de 1938. Mais importante — embora talvez também mais discutível — é a consideração, baseada em fortes indícios, de que, se tivesse ocorrido uma guerra rápida por causa da Tchecoslováquia em 1938, Hitler a teria vencido, porque a França e a Grã-Bretanha — os exércitos assim como a opinião pública de ambas —, ainda menos preparados do que estariam um ano depois, teriam tendido ou sido forçados a aceitar fatos consumados. Sim: o ataque de Churchill ao "arranjo" de Munique e ao governo de Chamberlain foi um dos seus discursos mais notáveis. No entanto, embora ele estivesse moralmente certo, pode também ter estado errado na prática.

Tudo isso foi redimido em 1940.

Isso nós sabemos — ou devíamos saber. Ainda assim, devemos reconhecer — ou, pelo menos, relacionar — seus fracassos durante a guerra, com o que me refiro a movimentos militares ou idéias estratégicas que se deviam principalmente à sua insistência. Houve o lúgubre fracasso da campanha norueguesa em 1940, que foi em grande parte resultado do seu planejamento (porém, mais uma vez, linhas tortas acabam certas — o desastre na Noruega o levou ao cargo de primeiro-ministro). Outros exemplos de decisões equivocadas incluíram Dakar, o desastre dos dois encouraçados no mar da Malásia, Cingapura, Anzio. É claro que não é razoável nem possível atribuir todos esses fracassos à liderança de Churchill na guerra —

ou seja, ao seu planejamento. A própria execução dessas ações foi muitas vezes falha. Resta outra questão mais ampla. Vimos que até meados de 1943 ele conseguia impressionar e influenciar os americanos acerca da estratégia total na Europa. Ainda conseguiu fazê-los concordar, pelo menos até certo ponto, com sua estratégia periférica, de investir, após a liberação da África do Norte, pelo que ele chamou de "o tenro lado inferior" da Europa, através do Mediterrâneo. Sim, era um tenro lado inferior — mas, depois da Sicília e de Nápoles, o avanço dos exércitos anglo-americanos se tornou, com freqüência, um rastejar desesperadamente vagaroso para cima. E, depois dos Apeninos, viriam os Alpes e seus defensores alemães, de soberba competência. Há historiadores militares que escreveram que toda a campanha italiana pode ter sido desnecessária; e outros que a grande invasão da Europa ocidental poderia e deveria ter sido desfechada em 1943, não em 1944, com resultados imprevisíveis, também pondo fim à guerra mais cedo. Isso nunca saberemos.

O que sabemos é que, perto do fim da guerra, Churchill estava com freqüência (mas não sempre) cansado; que foi acometido por doenças em 1943 e 1944, embora nada que o incapacitasse, como foi o caso de Roosevelt. Houve algumas ocasiões — embora houvesse muitas ocasiões opostas — em que a sua vivacidade mental foi uma compensação insuficiente para a falta do preparo prévio. Foi esse o seu comportamento durante a conferência de Potsdam. Houve, porém, algo mais importante: o fracasso em convencer os americanos, em impor-lhes a sua vontade, em 1944-45 assim como em 1952-54, como já vimos. Isso tinha muita relação com uma tendência que às vezes agiu a seu favor, mas às vezes não. Era a tendência de um homem que cultuava a palavra escrita. Churchill enfileirava, organizava, arrolava e expressava os seus argumentos de forma clara e abrangente, em seguida os enviava com uma sensação de alívio, como se então tudo estivesse dito e feito: mas, embora escrito e dito sempre estivesse, às vezes não estava feito. Em 1940 ("Ação Neste Dia"), isso muitas vezes funcionou; em 1944-45 e depois, muitas vezes não funcionou. O fracasso em convencer os americanos foi talvez o único grande fracasso nos anos mais avançados de uma longa carreira.

Houve fracassos na carreira de Churchill que dificilmente poderiam haver sido evitados. Houve outros pelos quais ele foi responsável. Chegamos aqui a uma pergunta de biógrafo — que, porém, não pode ser posta de lado, como se o trabalho de um biógrafo fosse uma coisa e o de um historiador, outra. Quais eram os defeitos do seu caráter? Afinal, é isso que os biógrafos atribuem a seus biografados. Entretanto, este livro não é uma análise biográfica ou psíquica, mas um ensaio histórico. Conseqüentemente, o grande divisor de águas de 1940 tem de novo importância. Tantos homens e mulheres não o apreciavam nem confiavam nele antes daquele ano! Meio livro talvez não seja suficiente para relacioná-las e as suas condenações a Churchill. Elas se acumularam — de forma bastante compreensível — desde o início da sua carreira. *The Spectator*, em 1911, por ocasião da sua nomeação como ministro: "Ele não possui a lealdade, a dignidade, a constância e o bom senso que constituem um chefe eficiente de uma pasta importante." *The National Review* chamou-o de charlatão, falastrão, manipulador político. Até pessoas que de resto o apreciavam, por exemplo A.G. Gardner, diretor do *The Daily News*, em 1908: "À curiosidade insaciável e ao entusiasmo de uma criança, ele une a franqueza da criança. Ele não tem reservas nem falsidades. Demonstra aquele desdém pela dissimulação que é próprio de uma casta que nunca duvida de si mesma." Uma apreciação imparcial. Porém mais representativa talvez tenha sido a da rainha Alexandra, após Dardanelos: "Tudo por culpa daquele estúpido e imprudente Winston Churchill." Imprudente ele pode ter sido; estúpido, não. A apreciação do inimigo Bonar Law, em 1917, foi repetida por muitos outros ao longo da vida de Churchill: "Acho que ele tem uma aptidão intelectual muito incomum, mas ao mesmo tempo parece ter uma mente totalmente desequilibrada." (Vinte e três anos depois, podemos encontrar expressões quase idênticas, palavra por palavra, no diário e em cartas de Halifax.) A petulância, a impetuosidade, a retórica (a linguagem mais do que a forma de discursar: ao contrário da opinião aceita, ele não era um orador nato; sua pronúncia apresentava imperfeições; ele sabia disso, tanto que com freqüência ensaiava os discursos), as mudanças de partido e de posições, o jornalismo, "seu eterno fraco por pessoas vulgares".* Essas críticas não desapareceram de repente quando, em maio de 1940, ele se tornou primeiro-ministro. Mas aconteceu algo que, de certo modo, havia sido predito por uma moça de quem ele gostara na juventude: "Na primeira vez em que você se encontra com Winston, vê todos os seus defeitos, e o resto da vida você passa descobrindo as virtudes dele." Assim foi com a população da Grã-Bretanha (inclusive não poucos dos seus antigos adversários e críticos) em 1940 e depois.

Naturalmente o caráter de um homem não muda muito (se é que chega a mudar), decerto não depois do seu sexagésimo quinto ano de vida. A impetuosidade e a rapidez de raciocínio continuaram a prevalecer. Isso desconcertava alguns dos conselheiros militares que achavam e diziam que Churchill tinha idéias demais, a maioria inviável — um crítico típico foi lorde Alanbrooke, com o testemunho dos seus diversos diários publicados. Mas eles eram minoria: de um modo geral, a reputação de Churchill, um reconhecimento do seu papel histórico, após 1940 tem sido enorme. No entanto, houve — e há — exceções: pessoas que eram indiferentes ou desinteressadas por sua carreira antes de 1940, mas que manifestaram desagrado com a sua liderança, sua retórica ou mesmo toda a sua perspectiva da guerra. Tais foram historiadores militares como o general J.F.C. Fuller;** escritores e personalidades públicas como Evelyn Waugh, Malcolm Muggeridge e Alan Clark; historiadores como David Reynolds e Sheila Lawlor (pelo menos até certo ponto); John Charmley (a cuja obra devo voltar); entre republicanos direitistas e populistas americanos, figuras como Patrick Buchanan, cujos argumentos e frases acerca de Churchill revelam, de vez em quando, algo como um arraigado desprezo (tal como em todas as obras de David Irving). Duas questões acham-se aqui latentes. Uma — a secundária — é o esperá-

---

* Um ponto importante. Ver Roy Jenkins, *Churchill*. Nova York, 2001, p.299.

** Deve-se observar que esse homem competente havia sido partidário de Oswald Mosley e um respeitoso admirador da Alemanha de Hitler até setembro de 1939.

vel, e até previsível, desenvolvimento de perspectivas históricas. Afinal, já estamos no século XXI, mais de sessenta anos após 1940 e quase meio século após a morte de Churchill. A avaliação geral e com freqüência quase universal de determinados homens e acontecimentos é revista e corrigida, às vezes devido à descoberta de novos documentos e de provas, mas principalmente devido a perspectivas mutáveis — após essa segunda fase, pode seguir-se outra, mais uma vez com ligeiras diferenças. Mas a história — o nosso conhecimento e compreensão relativos a ela — não é como um pêndulo. Não é mecânica nem automática: não balança de volta, certamente não para onde estava. Nós estamos, pelo menos na minha opinião, vivendo numa época em que uma outra questão maior deve ser considerada, alguns sinais da qual, conscientemente ou não, podem ser detectados nos textos de determinados historiadores, como também nas declarações de algumas personalidades públicas. Direta ou indiretamente, todos dizem respeito ao lugar de Churchill na história da Grã-Bretanha e também na história do século XX em geral.

A questão é a situação da Grã-Bretanha — e o seu destino — entre os Estados Unidos e a Alemanha. Escrevi anteriormente que os dirigentes da Grã-Bretanha fizeram a escolha decisiva de se aliarem com a antiga inimiga França, em 1904, com o conhecimento prévio de que essa escolha fora facilitada por saberem que a inimizade americana para com a Grã-Bretanha não mais existia. Essa percepção estava de acordo com as convicções de Churchill. Vimos que houve momentos em que ele esperou pouco dos americanos e em que lhes fez muitas críticas. Com o correr dos acontecimentos, porém, isso não importava muito e, em 1940, a alternativa era bem definida e clara: a dependência crescente dos Estados Unidos (e a eventual cessão de pelo menos parte do Império) era conveniente, talvez até inevitável; um acordo com a Alemanha (mesmo com a preservação do Império), de jeito nenhum. Poucas pessoas, seguramente na Grã-Bretanha, tiveram dúvidas quanto a essa escolha; poucos têm dúvidas agora. Vimos que Churchill teve dificuldades com os americanos mas, por outro lado, a sua proposta enfática de um relacionamento especial entre a Grã-Bretanha e os Estados Unidos permaneceu circulando, aceita por uma diversidade de líderes britânicos e americanos, não importa o quanto as aplicações efetivas tenham sido (e sejam) superficiais. Ultimamente, porém, vêm surgindo alguns sinais de reexame. O historiador Niall Fergusson escreveu, como vimos, que a Grã-Bretanha pode ter errado ao entrar na Primeira Guerra Mundial, que uma Europa mais ou menos unida, em grande parte sob a liderança alemã, poderia ter sido aceitável e até propícia para a Grã-Bretanha em última análise. John Charmley chegou a ponto de afirmar que, mesmo durante a Segunda Guerra Mundial, Churchill devia ter considerado um acordo com Hitler. Muitas vezes não é difícil detectar tendências de antiamericanismo sob tais argumentos. No início do século XXI, o seu surgimento pode ser significativo, embora não importante — ainda. Eles estão grandemente ofuscados pelo debate britânico de um dilema diferente: unir-se ou não à "Europa". Ainda assim, é possível que no século XXI, ao contrário do século XX, a Grã-Bretanha e os Estados Unidos possam estar tomando rumos diferentes. As pessoas inteligentes devem, mais cedo ou mais tarde, considerar uma associação britânica política e militar (mais do que econômica e burocrática) mais estreita com a Europa, inclusive a Alemanha, assim como um declínio da dependência britânica para com os Estados Unidos.

No entanto, a admiração por Churchill dentre os americanos é, pelo menos enquanto escrevo, talvez mais forte e mais geral do que em qualquer período anterior. Na Alemanha, não. Muitos historiadores alemães sérios da Segunda Guerra Mundial têm atribuído a Churchill um ódio inflexível e resoluto à Alemanha, uma obsessão de derrotá-la e destruí-la, a qualquer custo.* Ecos de tal imagem de

---

* Exemplos. Andreas Hillgruber: as propostas de Hitler à Grã-Bretanha foram "feitas a sério" e "subjetivamente, honestas", in *Hitlers Strategie* (1965, p.144, n.1), mas também em outras obras de Hillgruber — o desejo de Churchill era destruir a Prússia e a Alemanha. O historiador naval Karl Klee: Churchill "não previu que a [sua] política só levaria à substituição de uma Alemanha forte pelo poder esmagador da Rússia". O historiador diplomático Martin Bernd: "O verdadeiro motivo de Churchill para se dedicar à luta contra Hitler e a Alemanha, bem como o seu objetivo político final, ainda é controverso.

Churchill têm aflorado, de vez em quando, mesmo em respeitáveis jornais alemães, como o *Frankfurter Allgemeine*. Jörg Haider, virtual chanceler da Áustria, chamou Churchill de "criminoso de guerra" em um dos seus discursos recentes — presumivelmente pensando no maciço bombardeio britânico de cidades alemãs durante a guerra (mas não no fato de que Churchill contribuíra fundamentalmente em 1943 para convencer tanto Roosevelt quanto Stálin a declarar a independência da Áustria como um dos seus objetivos de guerra conjuntos). Naturalmente, houve muitos casos em que Churchill emitiu opiniões ríspidas e preconizou operações militares contra a Alemanha. Ele estava igualmente errado em, muitas vezes, atribuir a agressividade e brutalidade alemãs ao prussianismo,* desconsiderando o elemento peculiarmente bávaro (e austro-germânico) no nacional-socialismo e em Hitler. Talvez o exemplo mais questionável das suas tendências germanófobas tenha sido a falta de interesse, na verdade o menosprezo, pelos conspiradores alemães — muitos deles aristocratas e prussianos — que, em julho de 1944, tentaram matar Hitler e derrubar o seu regime criminoso. (Pelo menos um fator importante nas reações de Churchill naquela época foi a preocupação de que os alemães — e havia um acúmulo de indícios de tais intenções naquele período — tentassem separar e semear dissensões entre os anglo-americanos e os russos.) Entretanto, não foi oportunismo nem interesse, mas a sua generosidade natural, que o

---

Winston Churchill não compreendia a Alemanha e a cultura alemã em geral, quanto mais o nacional-socialismo em particular. ... Talvez ele fosse guiado, pelo menos em parte, por suas ambições pessoais não só de escrever a história como de moldá-la. ... Embora a glória da Grã-Bretanha e de Churchill tenha terminado em 1945, os mitos sobre Churchill e sua época perdurarão em um mundo muito mais em desordem do que a Grã-Bretanha parece haver estado na sua 'hora mais gloriosa'". Em "Churchill and Hitler, 1940: Peace or War?", artigo de Bernd in R.A.C. Parker (org.), *Winston Churchill: Studies in Statesmanship*. Londres, 1995, p.96. Observe-se que: cada uma das frases citadas é altamente questionável; em todo o artigo, Bernd se fia em Charmley; isto *não* foi escrito por um historiador de direita alemão!

* A aversão de Churchill ao "prussianismo" surgiu durante e após sua visita a Berlim, em 1909.

levou a mudar de opinião (e sentimento) acerca da Alemanha logo após 1918 e imediatamente após maio de 1945. Além disso, como ele escreveu no início da década de 1930: "Sempre segui a doutrina de que a reparação do ressentimento justificado dos derrotados deve preceder o desarmamento dos vencedores. Pouco se fez para reparar os ressentimentos dos Tratados de Versalhes e Trianon." Em 1945 Konrad Adenauer, o futuro chanceler da Alemanha no pós-guerra, teria supostamente dito a respeito de Churchill: "um inimigo dos alemães", porém três anos depois: "um homem de visão". Ainda assim, muitos alemães não chegaram, mesmo agora, a um acordo sobre o lugar de Churchill na história, como também muitos deles (embora em diferentes aspectos) ainda não chegaram a um acordo sobre o de Hitler.

No primeiro capítulo deste livrinho, escrevi sobre as características visionárias de Churchill, mas o seu grande adversário Hitler tampouco era destituído de previdência. Em 6 de novembro de 1938, ele discursou: "Naturalmente não posso impedir a possibilidade de que esse cavalheiro entre para o governo [britânico] dentro de alguns anos [o que aconteceu], mas posso assegurar-lhes que eu o impedirei de destruir a Alemanha [o que não aconteceu]." Ele desprezava Churchill, classificando-o com freqüência como um bêbado, tendo atrás de si "os judeus". É evidente que Churchill não era abstêmio nem semitófobo. Mas ele compreendia Hitler melhor do que este o compreendia, o que Hitler poderia ou não poderia fazer. Juntamente com as qualidades da liderança e da coragem, foi por isso que Churchill não perdeu a guerra em 1940. Seis anos depois, em 1946, ele teve razão de novo ao advertir da cortina de ferro da Rússia.*

---

* Naquele momento, tanto Churchill quanto George Kennan expressaram opiniões que não eram de modo algum populares ou aceitas. Kennan julgava necessário enfatizar os perigos do comunismo agressivo e expansivo; Churchill, os perigos de uma divisão rigidamente cristalizada da Europa. Pouco depois, o próprio Kennan desiludiu-se com a ideologização e militarização de sucessivos governos americanos. (É agradável registrar que, no momento em que escrevo, a reputação de ambos permanece alta.)

"Seus fracassos. Seus críticos." Perto do final deste capítulo, devo empreender uma análise crítica da obra de um historiador britânico cujo objetivo tem sido rever a opinião aceita sobre Churchill e sobre a Segunda Guerra Mundial. *Churchill: o fim da glória. Uma biografia política* (1993), de John Charmley, foi prototípico, pois a maioria dos seus textos subseqüentes repetiu a tese dessa obra extensa: Churchill possuía talentos, mas os seus defeitos eram enormes, o que levou ao fim não só do Império britânico como do poder britânico. Entrar em guerra com a Alemanha de Hitler em 1939 foi errado; como foi errada a recusa em firmar a paz com Hitler em 1940 e, de novo, em 1941, quando Hitler atacou a Rússia; a aliança com a Rússia durante a guerra foi errada; e o pior engano foi "o rastejamento extremamente servil" de Churchill "em direção aos americanos", que ele "pode ter encarado como uma ramificação dos povos anglófonos, mas eram, de fato, estrangeiros que antipatizavam com o Império britânico ainda mais do que Hitler". Roosevelt era uma combinação de Uriah Heep e Maquiavel, "uma considerável desconfiança de todas as coisas britânicas ... fazia parte da bagagem mental de qualquer partidário genuíno do New Deal". "Um fato puro e simples: a política do primeiro-ministro em 1940 havia, efetivamente, fracassado. Longe de resguardar a independência da Grã-Bretanha, ela a hipotecara aos Estados Unidos."

Bem, a bagagem mental dos partidários do New Deal, inclusive a ajuda americana à Grã-Bretanha contra a Alemanha de Hitler, continha muitos motivos e objetivos, mas o de hipotecar a Grã-Bretanha não era um deles. Mas afinal a interpretação do relacionamento de Churchill com os Estados Unidos feita por Charmley resulta da sua interpretação de toda a Segunda Guerra Mundial. Segundo Charmley, Churchill estava errado ao afirmar que "permitir que a Alemanha dominasse a Europa é contrário à totalidade da nossa história". Churchill era um fomentador de guerra, ao passo que Chamberlain tinha razão: "Chamberlain estava planejando para o futuro, Churchill para o Armagedom." "A Grã-Bretanha entrara na guerra em 1939 em um espasmo de indignação farisaica, convencida de que, como uma Grande Potência, era seu dever derrotar a Alemanha nazista." Tanto antes quanto depois da queda da

França e antes da batalha da Inglaterra, "aos olhos de muitas pessoas sensatas, havia chegado o momento de se pensar em buscar um acordo com Hitler". Quando Hitler invadiu a Rússia, houve outra suprema "oportunidade que Churchill deixou escapar". Conseqüentemente, Churchill "ajudou a suscitar o espectro de uma ameaça que era ainda maior do que a que ele havia eliminado". Deixando de lado a questão de um arranjo de paz com um Hitler vitorioso ser de algum modo possível, quanto mais conveniente ou duradouro, Charmley não percebe, ou não deseja perceber, o que Churchill percebeu no início da guerra (e que eu coloquei em palavras anteriormente): ou toda a Europa dominada pela Alemanha, ou a parte oriental da Europa dominada pela Rússia; e metade da Europa era melhor do que nada. O conhecimento de Charmley sobre a Segunda Guerra Mundial é falho e limitado.

Isto me leva à segunda deficiência de Charmley: o caráter seletivo da argumentação e do material.* O livro é apenas parcialmente "uma biografia política", como declara o subtítulo. Charmley gasta longos capítulos e páginas a respeito da psique de Churchill. "O autodidatismo de Churchill ... não proporcionou nenhum treinamento para aprender a pensar, a confrontar argumentos e a avaliar as próprias idéias em comparação com as dos outros." Ele se caracterizava pelo "egoísmo e ingenuidade". "Tal egoísmo é comum nas crianças, mas em geral se dissipou com o tempo ao se chegar à idade adulta." "A verdade era inconveniente para a sua versão da história."

---

* O general Mackesy foi um comandante britânico excessivamente cauteloso na desastrosa campanha da Noruega (pela qual Churchill foi pelo menos em parte responsável), em 1940. Churchill criticou Mackesy (em duas frases) nas suas Memórias de Guerra. Piers, filho de Mackesy e historiador, foi o primeiro orientador universitário de Charmley, "quem pela primeira vez me mostrou o que um historiador poderia ser". Em *O fim da glória* há cinco páginas e dez referências à discussão de Churchill com aquele general incompetente; ao passo que há somente uma única frase sobre o pacto entre Hitler e Stálin, em 1939, e uma outra frase sobre a fuga para a Inglaterra, em 1941, de Rudolf Hess (que era auxiliar de Hitler) nesse livro em que uma das teses principais é a potencialidade da paz com Hitler na época. Uma proporção muito peculiar para um historiador.

"Ele sempre tendia a se tornar escravo das próprias idéias e presumir que proferir uma frase inteligente era resolver um problema." "Teatral como era, andando pomposamente pelos locais de bombardeios com olhares ferozes e taurinos de desafio, um maciço charuto firmemente cravado na boca, ele tornou-se o mítico 'Good ole Winnie'." (Ninguém jamais o chamou de *ole Winnie.*) Etc. etc. Isto não é o revisionismo próprio de um historiador; é uma difamação feita por um panfleteiro.

Inquietante tem sido a acolhida do livro de Charmley entre defensores do Terceiro Reich na Alemanha, Áustria, Hungria e em outros locais. O pesado tomo impressionou alguns pelo mero tamanho e "bagagem erudita". Serviu de pedreira que muitas pessoas detestáveis pudessem cavar para os seus propósitos especiais. Recebeu críticas, mas não se dedicou atenção suficiente aos detalhes, inclusive muitos erros efetivos, na maioria resultantes das alegações especiais de Charmley. Isso me conduz à terceira deficiência de Charmley: o emprego das fontes. As indicações estão latentes nos muitos milhares de notas — cinqüenta e uma páginas, em tipo muito miúdo. Ali, muitas vezes sorrateiramente, ele insere ataques a historiadores de quem discorda, ao mesmo tempo em que elogia aqueles com quem concorda. Martin Gilbert, o biógrafo oficial de Churchill, "publica apenas excertos [de um documento] que corroboram a sua tese". (Ri-se o roto do esfarrapado!) Ao americano Kimball, cujos comentários sobre a correspondência entre Churchill e Roosevelt incluem inúmeros erros, Charmley confere o epíteto de "Homero" — mas afinal a interpretação do relacionamento entre Churchill e Roosevelt feita por Kimball com freqüência se harmoniza com a de Charmley. Uma indicação mais deplorável do uso das fontes por Charmley se acha na não rara dependência em relação a David Irving. (Ele cita Irving muitas vezes, principalmente nas notas, mas Irving é omitido no índice.) Como o pai de Churchill, que era "financiado pelos amigos judeus", Winston era "certamente financiado por judeus ricos" e bancado por um "sionista ardoroso". Tudo isso Charmley pegou em Irving. "Assim, foi Churchill a 'ajuda alugada' [palavras de Irving usadas por Charmley] para um grupo de pressão judeu que, considerando os interesses judeus superiores aos do Império britânico, estava decidido a envolver esse Império em uma guerra, em benefício próprio?" Ele embute em uma nota de pé de página: "O sr. Irving é citado somente quando as suas fontes foram verificadas e parecem fidedignas. ... Este autor admira a aplicação, a energia e a coragem do sr. Irving, ainda que divirja das suas conclusões." A diferença entre John Charmley e David Irving pode ser uma diferença de grau; talvez não seja suficiente para uma diferença em qualidade.

Churchill possuía defeitos. Tolerava bajuladores e oportunistas acorriam para o seu lado quando isso parecia conveniente. Sua maior virtude era a magnanimidade. "O que passou passou", dizia ele, repetidamente. Ele perdoou muitos, muito e com facilidade. Com freqüência se comovia até as lágrimas, das quais não se envergonhava. A filha escreveu-lhe em 1965: "Na ordem natural das coisas, dificilmente os seus descendentes devem herdar o seu gênio — mas eu espero sinceramente que eles possam compartilhar de algum modo as qualidades do seu coração."*

---

* Citado em Martin Gilbert, *Winston S. Churchill*. Boston, 1988, 8: 1365.

8

Duas biografias recentes

No primeiro ano do século XXI, foram publicadas duas biografias significativas de Churchill. Elas são diferentes; as inspirações dos autores para escrevê-las foram diferentes. Mas talvez esse seja o motivo por que elas são significativas. Por que esse interesse contínuo por Churchill? O que atrai um político democrata liberal (antes trabalhista), ou um historiador profissional cujos livros precedentes foram dedicados à história britânica em séculos anteriores?

Churchill, de Roy Jenkins, é essencialmente uma biografia política.* *Churchill: Um estudo sobre a grandeza*, de Geoffrey Best, é um estudo de caráter. Jenkins havia escrito uma volumosa biografia de Gladstone. Quando começou *Churchill*, escreve ele no final,

> eu pensava que Gladstone era, por uma estreita margem, o homem mais importante, sem dúvida o espécime mais notável da humanidade. Enquanto escrevia este livro, mudei de opinião. Agora considero Churchill — com todas as suas idiossincrasias, complacências, infantilidades ocasionais, mas também com seu gênio, tenacidade e persistente capacidade, certo ou errado, bem-sucedido ou malogrado, de

* Roy Jenkins, *Churchill*. Londres, 2001; Geoffrey Best, *Churchill: A Study in Greatness*. Londres, 2001.

> ser maior do que a vida — como o ser humano mais importante que já ocupou Downing Street, 10.* (912)

"*Um estudo sobre a grandeza*" é o subtítulo do excelente livro de Best. Contudo, o que é grandeza? Que tipo de grandeza?

Logo no começo do livro, Jenkins estima o número dos que escreveram sobre Churchill como "algo entre cinqüenta e cem" (ix). Em 2001, um bibliotecário informou-me que, "em um sentido amplo, ou seja, não apenas biografias, mas também obras de história, ficção, literatura juvenil e obras que podem ser sobre eles mas também sobre outros indivíduos", os livros sobre Churchill nos Estados Unidos montavam a 283; no Canadá, 206; na Grã-Bretanha, 652; na Biblioteca do Congresso, 736. Em cada uma dessas estatísticas (inclusive na Grã-Bretanha), os livros sobre Hitler são mais numerosos do que os sobre Churchill, freqüentemente na proporção de dois para um; o mesmo se dá com livros sobre Roosevelt (exceto no Canadá e na Grã-Bretanha); com exceção da Biblioteca do Congresso, Stálin fica em quarto lugar, atrás de Churchill. Há um singular sopro de realidade nessas estatísticas computadorizadas e de resto inexpressivas. Se não fosse Hitler, na história da Grã-Bretanha (sem falar do mundo) Churchill teria sido uma figura talvez interessante, mas sem dúvida secundária, e nós podemos presumir que Roy Jenkins não o teria escolhido para tema de uma biografia monumental, como fizera com Gladstone e Asquith. Se não fosse Hitler... Durante muito tempo, a maioria das pessoas esteve propensa a achar que, naturalmente, Churchill foi corajoso e resoluto em 1940, mas afinal Hitler estava fadado a perder a guerra. Que ele não estava fadado a perdê-la, que em 1940 e 1941 ele chegou muito perto de vencê-la, tem-se tornado aos poucos evidente para mais pessoas do que alguns historiadores militares especialistas. Churchill tinha profunda consciência disso — o que explica grande parte da sua estratégia,

* Endereço da residência oficial do primeiro-ministro inglês, em Londres. (N.T.)

inclusive a constante e receosa admiração pela capacidade combativa dos alemães.

Verifica-se uma tendência recente a descrever Churchill como complicado e esquivo. Complicado ele pode ter sido, mas esquivo? De forma alguma. Hitler, Roosevelt, Stálin eram muito mais reservados do que Churchill, que "soltava" muitas das suas idéias e conjeturas mais profundas para os auxiliares, na verdade para quem mais estivesse ouvindo. Como expressa Jenkins: "A vida de Churchill era singularmente destituída de inibição e sigilo" (xi). Isso foi, é e decerto continua a ser uma vantagem para seus biógrafos.

No prefácio, Jenkins escreve: "Posso pelo menos reivindicar ser o único octogenário que se aventurou a escrever sobre Churchill." Seu livro é excessivamente longo, mas não há muita coisa envelhecida ou desconjuntada no texto. O ouvido de Jenkins não revela nenhuma das deficiências auditivas da velhice; ele sabe perfeitamente a quem prestar atenção e, depois, a quem citar e quando. (Churchill, cerca de 1907: "Recuso-me a ficar trancado em um centro de distribuição de sopa para os pobres com a sra. Sidney Webb" [108].*) Jenkins tem algumas frases memoráveis de sua autoria (por exemplo, a decisão de Churchill de afundar os navios de guerra franceses em Oran: "Praticamente ninguém mais mexeria em navios de marimbondos, preferindo esperar vagamente pelo melhor" [624].)

À frase do prefácio antes mencionada, Jenkins acrescenta: "Creio que posso também reivindicar ter acumulado a mais vasta experiência parlamentar e ministerial entre seus biógrafos." Sim, mas isto é de certa forma problemático. No início da carreira, Churchill, segundo Jenkins, "revelava leves sinais de incontinência parlamentar" (74). Há indicações de incontinência literária nesse livro. Jenkins exibe demais seu conhecimento de história parlamentar;

---

* Beatrice (1858-1943) e Sidney Webb (1859-1947), economistas ingleses integrantes da Sociedade Fabiana e dois dos pioneiros do movimento socialista britânico, cujas idéias inspirariam a política financeira e social dos liberais progressistas e, em última instância, o surgimento do Partido Trabalhista. (N.T.)

citações em excesso de Gladstone e Asquith; comparações em excesso de aritmética eleitoral; há longas páginas que tratam não de Churchill, mas do Partido Conservador; há informações demais sobre o relacionamento de Churchill com seu agente literário, Reves (e com a sra. Reves). Há também uma surpreendente intromissão de americanismos recentes, assim como expressões francesas, com freqüência desnecessárias e às vezes grafadas erradamente.

Isso não importa muito. O livro poderia ter sido enxugado, mas seu mérito principal é uma compreensão da complexidade de Churchill — não, esquivamento não! (Sobre os seus pais: "É extraordinário que o filho de dois libertinos tão inveterados tenha feito um dos casamentos mais famosos da história pela duração e fidelidade" [136].) Em todo ser humano existe uma dualidade, mas uma apreciação equilibrada disso é talvez a melhor indicação do talento de um biógrafo. Jenkins entende isso. Eis um excelente exemplo de como ele trata o que é talvez *a* dualidade no caráter de Churchill: o hedonista e o guerreiro. Em dezembro de 1944 Churchill, abatido e exausto, decidiu abrir mão de um Natal sossegado com a família e voou para um cenário frio e sombrio na Grécia. Esse foi, para Jenkins,

> o triunfo do dever sobre o prazer e isso, apesar do seus gostos comodistas, era parte do padrão da sua vida. Sempre que os dois entravam em conflito frontal, se a questão fosse de fato importante, ele sempre cedia ao lado do dever. E isso, como uma série de explicações óbvias, contém uma grande parte da verdade, mas não a sua totalidade. O dever sempre teve um aliado extremamente poderoso sob a forma do seu desejo de estar no centro dos acontecimentos, da sua preferência pelo perigo ao tédio, pelo risco à inércia. (771)

Isso é muito adequado. Jenkins também conhece as limitações de alguns dos críticos contemporâneos de Churchill. Naquele dia mais dramático, 18 de junho de 1940, dia igualmente de um dos mais importantes discursos de Churchill, Jenkins cita o acrimonioso Alec Cadogan: "Winston não está lá — estava escrevendo o seu discurso." "Ele bem poderia ter reclamado que Lincoln não se dedicou a algum assunto secundário da Casa Branca na manhã do Discurso de Gettysburg" (621). Ele também tem razão a respeito dos diários de Alanbrooke: "A exasperação de Brooke com Churchill, embora combinada com respeito subjacente, às vezes se conjugava com a sua aspereza natural para tornar os seus comentários sobre o primeiro-ministro excessivamente severos" (734-5).

Jenkins conheceu Churchill, durante décadas esteve envolvido na vida política britânica. Best, atualmente professor aposentado de Oxford, nunca se encontrou com Churchill — a não ser mentalmente, mas isso fez toda a diferença do mundo. Quando era muito jovem, Best admirava Churchill e, quase meio século depois, decidiu escrever uma biografia do venerado ídolo. No entanto, o seu livro não é uma hagiografia, mas uma realização luminosa. Ele leu e refletiu. "E, durante todos esses anos, não pude deixar de me dar conta de que [Churchill] é uma personalidade mais complexa e, em alguns aspectos, mais contraditória do que, lá no princípio, eu teria imaginado possível" (x). Churchill certa vez disse: "Eu não teria feito nada se não houvesse cometido erros." De forma pertinente, este é o lema do livro de Best: talvez a melhor biografia em um volume — e não excessivamente longa — de Churchill.

É muito bem escrita, abrangente e caracteriza-se pela simplicidade e segurança do autor — uma combinação atraente e incomum de qualidades. "Julguei conveniente adotar as apreciações de outros autores quando eles expressaram as coisas melhor do que eu poderia fazê-lo ou, de alguma maneira, expressaram-nas primeiro. ... Com relação aos muitos aspectos da vida de Churchill que se tornaram temas de persistente controvérsia, porém, tive a satisfação de chegar às minhas próprias conclusões" (xi). Um dos pontos por ele enfatizados é que Churchill foi um líder de guerra democrático, que respeitava o Gabinete de Guerra e a Câmara dos Comuns.

Há pelo menos duas qualidades incomuns no *Churchill* de Best. Uma delas é o seu interesse pelo Churchill privado e pela sua vida familiar, de que trata extensamente. Eis, por exemplo, uma excelente descrição de Churchill no final da década de 1920:

> Em termos pessoais, ele estava então com cinqüenta e tantos anos e ganhara uma aparência mais impressionante do que quando era mais jovem. O corpo era um tanto mais volumoso, a cabeça bastante grande e calva sobre o corpo era menos desproporcional do que outrora havia sido; o rosto era mais gordo, transmitindo prontamente a expressão rechonchuda e maliciosa que favorecia a impressão de que ele era sempre bem-humorado e amável para com todos. Na realidade, ele nem sempre era amável para com todos. (142)

Best dá uma ênfase valiosa e importante à pessoa de Clementine Churchill e ao que ela significou para o marido. Com freqüência ela foi uma influência estabilizadora durante a vida de Churchill. Foi um casamento extraordinário. Houve problemas momentâneos, às vezes magistralmente resumidos por Best: "Churchill apreciou imensamente o período no Almirantado. (Quanto Clementine o apreciou é um outro assunto)" (43). Mas o amor de Churchill pela esposa perdurou, embora "fosse profundo e desinteressado desde o princípio ... demonstrado aos integrantes materialistas e banais da sociedade eduardina pelo casamento com uma jovem relativamente pobre". (Best cita, dentre outros, Beatrice Webb, que, *mirabile dictu*, escreveu no seu diário em 1908 haver almoçado "com Winston C. e a sua noiva — uma dama encantadora, bem-educada e bonita, além disso séria, mas não rica, de forma alguma um bom partido, o que honra Winston") (29).

A outra qualidade, talvez incomum, do estudo de caráter de Best provém do conhecimento de literatura desse erudito professor (como já se evidenciara no seu excelente *A Grã-Bretanha em meados do período vitoriano*, 1971). Ele compreende como as palavras e expressões de um romancista, ou de um poeta, podem enriquecer uma narrativa histórica — como escreveu certa vez Alfred Duff Cooper, "o olhar penetrante do gênio pode discernir muito do que permanece esquivo às pesquisas pacientes de um historiador". As pesquisas e leituras de Geoffrey Best foram sem dúvida pacientes, mas ele também possuía o olhar — e o ouvido — para descobrir e responder às palavras penetrantes do gênio. Assim na narração evocativa do funeral de Churchill, que ele conclui com uma reminiscência que eu deixara escapar nas minhas lembranças com que se encerrará este livro. "Para os milhões cujo elo com o funeral tinha de ser a televisão, o momento mais inesquecível foi provavelmente (como por certo foi para mim) os grandes guindastes ao longo da margem sul do trecho do rio entre a Ponte da Torre e a Ponte de Londres, abaixando os mastros em reverência enquanto a lancha passava, 'como gigantes curvados em apreensiva meditação'" (327).

"*Como gigantes curvados em apreensiva meditação*"! Essas foram as palavras de Churchill ao descrever o grave deslocamento dos grandes navios da Primeira Frota pelo canal da Mancha, em 28 de julho de 1914. Elas devem ter produzido uma centelha no olhar de Best naquela escura tarde de janeiro em 1965; devem ter soado em seu ouvido quando ele estava pousando a caneta, ao concluir o livro. Ele sabia reconhecer uma passagem imortal.

9

O funeral de Churchill

Churchill morreu em 24 de janeiro de 1965 (exatamente setenta anos depois do pai, que morrera em 1895). Eu era professor-visitante na Universidade de Toulouse, na França. Fui subitamente impelido a voar até Londres, para o funeral de Churchill. Minha esposa não teve permissão para voar, mas levei meu filho, então com oito anos, para que tivesse a sua recordação de um importante acontecimento histórico. Eis o meu relato, muito pessoal e talvez excessivamente sentimental, dos nossos três dias em Londres.

29 de janeiro
Sexta-feira

É uma Londres muito parada, um dia monótono. Nenhuma impressão de multidões, nenhum alvoroço, nenhuma sensação de algo importante e formal. Mesmo no aeroporto não há muitas pessoas; é um dia de chegada invernal; os reis e primeiros-ministros são conduzidos por choferes, rápida e silenciosamente; é pequena aquela correria de capas impermeáveis e solas de borracha em torno deles, de fotógrafos desalinhados e com suas câmeras gulosas pendentes. Os ingleses sabem muito bem como tirar de cena as pessoas importantes, de forma rápida e eficiente. Ainda assim, é muito diferente da atmosfera de coroações em junho e mesmo de exéquias reais.

Esse ônibus cinza do aeroporto, pelos subúrbios a oeste da grande cidade. É uma longa e monótona chegada, por entre o que, não faz muito tempo, eram fileiras de casas sólidas e respeitáveis, mas que apresentam algumas das marcas exteriores de decadência social. Não há muito tráfego nessa forte mistura de neve e chuva. Passamos pelos enormes edifícios de alumínio, retos e impassíveis, erguidos pelas firmas de construção, indistinguíveis dos edifícios americanos. Em seguida, de forma bastante inesperada, perto do fim da nova rodovia de concreto, fileiras de edifícios de tijolo marrom, um mar de casas inglesas vitorianas, depois da cinzenta e desolada nebulosidade continental da auto-estrada. As luzes brilham amarelas agora, em meio ao nevoeiro, às onze horas da manhã. E em toda parte o que, para um escritor, deve ser uma das coisas mais evocativas de todas: as inscrições de Londres. As placas de ruas e os nomes das lojas, as paradas de ônibus e os letreiros públicos, a maioria naquele já tradicional e muito inglês sem-serifa moderno que Eric Gill criou, suponho que em 1928, para o sistema de transportes de Londres e que foi, de fato, uma das poucas realizações admiráveis do espírito criativo inglês entre as guerras. De todos os países que eu conheço, a Inglaterra tem os mais admiráveis letreiros públicos.

A princípio, é curioso que assim seja, para um povo que não é retórico nem intelectual. Pensando bem, talvez não seja tão surpreendente. Esse povo, com todas as suas tradições do Antigo Testamento, não é realmente um povo farisaico: ao respeito pela Lei se mescla um traço profundo do amor pela Palavra. É por isso que "Pérfida Albião" é, na realidade, uma expressão equivocada; é por isso que essa é a nação de Shakespeare; é por isso que esse povo compreendeu Churchill quando ele precisava ser compreendido, naquele momento dramático da sua longa existência.

Mas há muito poucos sinais do funeral agora, menos de vinte e quatro horas antes do seu início.

As bandeiras estão a meio pau, naturalmente. Mas não há tantas assim.

Meio-dia. Saímos do hotel, sem saber ao certo para onde seguiremos agora.

Ainda cai neve com chuva e está cinzento. O Hyde Park estende-se, verde, molhado e vazio. O tráfego na rua principal diminuiu a uma intensidade de tarde de domingo; muitos táxis vazios e só os ônibus vermelhos passam, arrastando-se sem estrondo, muito semelhantes a solteironas inglesas de classe média que chegaram à maturidade na época do rei Eduardo, com um porte de rainha Alexandra, e agora com freqüência os cobradores são moças e rapazes negros.

Caminhamos com certa hesitação para leste, contra o vento. É então que se notam as muitas e diferentes bandeiras nacionais, a meio pau, hasteadas nos edifícios. Esse trecho, há cinqüenta anos as casas e apartamentos de uma rica classe média alta, durante o curto período de Peter Pan Kensington, aloja agora muitos consulados; os pavilhões de muitos novos e desconhecidos países africanos e a estrela vermelha de Tito oscilando ao vento. (Ele também deve muito a Churchill.)

Há também algo mais. Algo que se destaca, amenamente, das casas brancas de Kensington, com os seus interiores fluorescentes e burocráticos agora em mau estado. Esse algo acha-se acima dos pensamentos importunos e desagradáveis sobre o que os James Barries e a inevitável reação contra eles — Bloomsbury, um pouco depois — fizeram ao espírito da Inglaterra. O edifício que agora aloja a legação holandesa. É um edifício de apartamentos grande e vermelho, construído no estilo rainha Ana, segundo suponho, por volta de 1910; as empenas curvas e brancas do telhado têm uma influência holandesa, embora isso seja certamente por coincidência. Recuada da calçada, atrás de um muro baixo e de um pequeno pátio com cascalho, essa casa permanece como um grande navio estável, ancorado para sempre. As paredes de tijolo têm um matiz de vermelhão; a exemplo de todas as cores, essa impressão é inseparável da associação que a acompanha, a de pequenos cômodos no interior, silenciosos e avermelhados, com mobília escura e confortável e guarda-fogos de lareira de latão. Acima da entrada, com o timbre ostentando o selo dos Reais Países Baixos, ondula a bandeira burguesa da Holanda, com suas faixas horizontais vermelha, branca e azul, a meio pau, de luto.

Ela fica a poucas centenas de metros de Hyde Park Gate, outra casa de tijolos vermelhos, ainda mais inglesa, onde Winston Churchill morreu. E agora, pela primeira vez, sou dominado pela espécie de emoção que se compõe de memória histórica e associação pessoal. Essa casa de Londres, a legação holandesa e Churchill — são, todos os três, um monumento de decência, mesclados agora na minha mente e diante dos meus olhos. Grandeza, tolerância, solidez e decência — isso é o que eles representavam. Casas como essa escoraram o agora tão periclitante edifício de mil anos de civilização européia, durante a sua última grande fase protestante, noroeste e burguesa. Holanda e Inglaterra. Marlborough e Churchill; Holanda, a primeira Inglaterra; Inglaterra, a segunda Holanda; cômodos marrons aquecidos e rainha Ana eduardina; nações de famílias, governadas por famílias reais, pelos decentes e despretensiosos. Os holandeses sentem a morte de Churchill, eles compreendem como ele tentou salvar um determinado tipo de civilização.

Da casa da legação holandesa, seguimos agora para Westminster Hall.

O táxi roda junto a uma fila sem fim. Damos com ela de repente, em Millbank, estendendo-se desde o New Palace Yard e de Westminster Hall; as milhares de pessoas permanecem em ordem e sérias, encolhidas pelo frio, arrastando os pés devagar, rente às grades de ferro, seguindo por Millbank; depois a fila se volta para dentro, atravessando o pequeno jardim plano entre a rua e a extremidade leste de Westminster e a margem do rio; depois ela se volta para trás de novo, um pouco mais espalhada, porém longa, muito longa. Percorre todo o caminho até a Ponte Lambeth. Isso levará horas. Meu filho de oito anos está usando meias de algodão. Ainda assim, vamos ver. Com uma fria sensação de vazio no estômago, pago o táxi na Ponte Lambeth e cá estamos, na fila.

É uma fila aceitável porque está andando. O vento está horrivelmente frio, soprando da superfície cinzenta do Tâmisa, mas não há aquela sensação de desesperançada impaciência democrática, como nas vezes em que se precisa ficar parado e esperar, e ficar parado e esperar, durante o que dá a impressão de minutos infindáveis sem explicação. Estou espantado com a distância que avançamos em quinze minutos, como a fila já se encomprida atrás de nós. E é uma fila aceitável porque é uma fila inglesa, disciplinada e afável, sem acotovelamento. Após quinze minutos, sei que chegaremos ao fim. Atrás de nós, um grupo de meninas de colégio, com cachecóis inacreditavelmente longos, estão brincando e de vez em quando soltando risinhos, mas seja como for isso não parece deslocado aqui: uma gravidade carrancuda e constrangida pareceria deslocada. Ficamos parados e caminhamos, e ficamos parados e caminhamos, rodeados por uma diversidade de pessoas, na maioria da classe operária, talvez faxineiras. Devem saber que nós não somos ingleses. Paul quer contar-lhes que voamos de Toulouse para o funeral, mas eu consigo dissuadi-lo. Nós não somos ingleses. Vim por causa da minha convicção de respeito e do meu sentimento de gratidão: sugerir que nos admirassem comprometeria a convicção e o sentimento.

Posteriormente os jornais escreveram que a multidão identificou-se com o espírito da década de 1940, que houve uma grande onda democrática de ingleses, com homens de chapéu-coco e mulheres elegantes que ficaram na fila com a gente dos bairros pobres e os estivadores. Talvez. Eu não tenho conhecimento disso. Pode ter sido assim, nos frios fins de tarde e à noite, nos bares e casas de chá atrás de Westminster, onde os fragmentos enregelados da multidão iam recuperar as forças com uma caneca quente de qualquer coisa. A maneira como vejo essa fila é a de grupos pálidos de pessoas diferentes, uma colcha comprida e multicor, composta de retalhos de multiforme humanidade: alunas, operários, homens de negócios e mulheres da classe média conservadora, empertigadas e com agasalhos baratos, alguns estrangeiros aqui e ali, inclusive alguns rostos morenos, paquistaneses ou malaios sorridentes. Por um momento, sinto uma leve irritação: o que *eles* estão fazendo aqui? Meros curiosos, querendo estar presentes às cerimônias do Grande Guru Imperial? Mas logo descarto a idéia, porque é mesquinha e insensata: *neste* vento frio, em meio a *este* jardim gelado, durante tantas horas, é errado, absolutamente errado, questionar motivos.

Os trabalhadores. Já completamos a primeira volta na fila e as pessoas estão conversando. As faxineiras. (Mas elas são faxineiras?) Com velhos casacos de *tweed* esverdeado, cachecóis de lã marrom, os óculos pequenos pousados nas maçãs dos rostos pálidos, os dentes estragados, as bocas finas. "Eu estava aqui em 1940." "Lá estava a catedral de são Paulo com toda a City ardendo em volta." Mas essas são lembranças-padrão que foram repetidas sem parar, presumivelmente nos jornais durante toda esta semana. Quanto das lembranças é verdade? Quanto é uma mistura de associações? Não importa. O que importa é que elas vieram, nesse frio, embora não seja cerimônia nem coroação, cem mil trabalhadores da Inglaterra, com a sua afabilidade e os rostos nodosos, movidos mais por um sentimento ainda vivo do que pela memória — até o esquife de um homem que não os conduziu a uma grande vitória, mas que os salvou da pior das derrotas possíveis, do colapso do amor-próprio inglês.

Agora as suas casas são aquecidas, as televisões funcionam e eles vivem melhor do que antes... Melhor — bem, de certa forma. E eles percebem também a maleabilidade transitória desse conforto, os velhos trabalhadores da velha Inglaterra, os integrantes cansados da raça da ilha mesmo nessa era do avião; ainda integrantes, não fragmentos; egoístas mas com amor-próprio; destituídos de imaginação mas belos. *Belos.* Um dia, quando as últimas porções da beleza verde da Inglaterra houverem desaparecido ou estiverem meticulosamente muradas pelos planejadores ou antiquários, essa antiga beleza verde ainda existirá. Penso que é o verde fundo de cobre dos corações dos trabalhadores da Inglaterra.

Mas a classe média também está aqui. E o meu coração se enternece com ela.

Refiro-me à classe média e não aos membros mais elegantes da classe média alta. Refiro-me aos homens com casacos finos, mulheres de faces ossudas e olhos azuis que já viveram mais tempo do que viverão, aprumados e cansados; não me refiro aos filhos de Saki, os homens e mulheres do antigo mundo de Evelyn Waugh e do mundo tedioso de Anthony Powell. Não preciso descrevê-los. Refiro-me às pessoas que foram outrora a espinha dorsal da Inglaterra.

É algo estranho: mas eles, os defensores do Partido Conservador e do antigo Espírito Imperial e do País Certo ou Errado, não foram aqueles para quem Churchill significou mais. Como todos os verdadeiros *grandes seigneurs*, Churchill estava mais próximo da aristocracia e também das classes baixas da população. Das classes baixas não porque tivesse em si muito do demagogo vulgar (mundano ele podia ser, mas raramente vulgar), mas porque as classes baixas às vezes o compreendiam intuitivamente, mesmo nos termos dele, no nível dele. (Em um cinejornal, vi certa vez um rápido gesto de Churchill que não consigo esquecer. Ele está passando pelas ruínas de uma rua da área mais pobre de Londres, depois de um dos bombardeios. Pessoas, inclusive uma mulher, com o cabelo ao vento, como o espírito de uma Boadicea proletária, correm das ruínas na sua direção, reúnem-se à sua volta, enquanto ele avança em meio ao entulho, de cartola, sobretudo e bengala, fumando com o seu incomparável sorriso. Quando uma delas se aproxima correndo, ele lhe bate de leve nas costas com o braço esquerdo, com um gesto de "Pronto, pronto! Pronto, pronto!". É um gesto corriqueiro, displicente, condescendente e amigável. Por um momento, percebe-se aquele sentimento de confiança e segurança que só determinados avôs conseguem proporcionar.)

Foi nessa época — outubro de 1940? — que o gelo cinzento no rosto da classe média derreteu o bastante para revelar uma faceta racial do seu verdadeiro eu. Ele infundiu uma espécie de sentido ao longo declínio dessas pessoas, de Kensington a Kensington. Elas não eram o bando de gente carrancuda que se saiu bem na primeira guerra; mas era, encaremos o fato, o povo de Baldwin e de Chamberlain, persistente e destituído de imaginação, com um tipo estreito de patriotismo que já não bastava. Na década de 1930, não era tão-somente uma roda de escassos políticos germanófilos que desconfiava de Churchill, era a outrora numerosa classe média da Inglaterra que, intuitivamente, desconfiava dele. Eram as pessoas que tinham uma confiança natural nos Chamberlains. A belicosidade, a retórica, o talento, a francofilia e os americanismos de Churchill —

essas eram as coisas a que elas se esquivavam, constrangida, persistente e timidamente. Então, em 1940, tudo isso passou como um relâmpago. Mesmo então elas não o compreendiam totalmente; mas nesse país do bom senso isso era então irrelevante e é ainda irrelevante. Pois, após a guerra, foi essa classe média reduzida, esgotada e dolorosamente vivida que continuou a acreditar em algumas das mais antigas virtudes patrióticas, a despeito de quão obsoletas elas pareciam ter ficado. Lenta e intuitivamente, "pelos ossos"— os seus ossos aquecidos por esse sentimento durante os anos de gélida austeridade do declínio britânico —, as suas mentes receberam Churchill, com a sua prosa e através das Memórias de Guerra.

Oh, esta tímida raça de homens e mulheres, como eles são diferentes das classes médias das outras nações, dos burgueses do continente europeu! Eles são tímidos porque são afáveis. Afabilidade não é ainda generosidade, assim como imparcialidade não é inteiramente honestidade. Mas ainda é do meio dos seus filhos que um dia pode apresentar-se um inglês zangado e generoso, em uma outra importante hora sombria da civilização, um anjo vingador que lembre Churchill.

Agora, na sua morte, a pompa significa menos para essas pessoas do que para os outros; não são o poder e a ostentação, as bandeiras e as bandas que as impressionam, mas elas, talvez pela primeira vez, têm uma compreensão íntima da magnanimidade desse homem agora morto. Agora, na morte, ele lhes pertence talvez ainda mais do que a qualquer outra pessoa na Inglaterra.

Agora 1940 está próximo: os furgões dos voluntários. Afastamo-nos do Tâmisa; estamos na fila avançando devagar em direção a Millbank. Três velhos fugões azuis de um serviço de voluntários estão estacionados no gramado e algumas mulheres baixas e velhas nos saúdam com copos de papel, oferecendo chá preto e extrato de carne. Dois dos furgões apresentam estas inscrições em tinta branca esmaecida: "Londres 1940-44. Coventry 1940. Bristol 1941." Agora 1940 está próximo e o ruído surdo da longa fila parece ter diminuído.

Talvez seja apropriado o fato de a delegação americana nesse funeral de Churchill, devido a alguma espécie de complicação e confusão de Washington, ser apagada e de segunda classe. É apropriado porque 1940 não tem grande significado para os americanos. É um ano crítico, uma data histórica, uma associação intensa e pungente para a Grã-Bretanha e a Europa, não para os Estados Unidos. Havia, é claro, o americanismo romântico de Churchill, a ajuda extremamente necessária que Roosevelt decidiu oferecer-lhe na época, a simpatia, o interesse, a boa vontade que milhões de americanos tiveram para com o esforço da Grã-Bretanha no final daquele verão. Mas 1940 era ainda o auge da guerra européia, antes que os Estados Unidos, a Rússia e o Japão entrassem em cena; era a grande e opressiva crise da civilização da Europa mais que "Ocidente" (palavra ressuscitada às pressas e colocada em circulação só após 1945) ou, como tal, das Nações Unidas. Hitler, Mussolini, Stálin, os japoneses, os oportunistas, assim como os inimigos dos judeus, os anglófobos das classes médias baixas, os untuosos funcionários espanhóis assim como as incultas massas camponesas da Rússia — todos eles desfrutaram suas satisfaçõeszinhas mesquinhas ao testemunharem as humilhações da Grã-Bretanha. O lado oposto era encarnado por Churchill, clara e simplesmente. Foi bom saber naquele verão — e não só para os britânicos — que a luta era inevitável; que mesmo nesse século em que tudo está obscurecido pela lengalenga viscosa das relações públicas, ainda havia dois campos tão próximos a Bem x Mal nas lutas terrestres das nações.

Tudo isso afetou os Estados Unidos apenas indiretamente. Isso é verdadeiro até em relação aos importantes discursos ingleses de Churchill naqueles anos. Apesar do poder evocativo da mesma — ou melhor, quase a mesma — língua, sua grande resolução de junho e julho teve significado muito mais para determinados europeus do que para americanos. Digo "determinados europeus" porque, naquela época, muitos deles eram apenas minorias insignificantes, os que sabiam que viviam nas trevas, que viveram para ver Hitler triunfante, que experimentaram o rápido desabamento de uma nova espécie de noite de chumbo sobre o seu entardecer outrora civilizado. Eles eram os que mais precisavam daquele espírito de desafio, de inspiração e de autoconfiança britânica que só Churchill podia proporcionar.

Westminster Hall. Primeiro, há a sensação de alívio do frio, da neve e do vento diminuindo em um instante; mistura-se àquela outra sensação de alívio por estar terminada a longa e fria marcha. Aqui, pela primeira vez, os gestos dos policiais são mais rápidos. A multidão precipita-se adiante por um momento, muitos lado a lado, nos degraus — e lá estamos, organizados em duas fileiras, em um salão. Já estamos seguindo para a esquerda. É muito simples. Naquele salão imenso, sob as traves góticas inglesas, uma essa muito alta, como uma grande lápide talhada em preto fosco, e o caixão sob uma ampla e generosa bandeira britânica. O resto é o que se esperaria: os quatro fuzileiros reais postados como estátuas e as compridas velas ardendo.

Assim seguimos, muito depressa agora. E, à medida que nos aproximamos, percebo que essa é talvez propositalmente mais alta que de hábito, razão por que é tão adequada. Ali jaz um senhor corpulento cuja carne começara a se dissolver já há algum tempo. Ele amava muito a vida e tornou a vida possível para muitos de nós porque tinha uma crença muito antiga e muito forte nas possibilidades da decência humana e da grandeza humana. A história não é um registro da vida, mas a própria vida: pois não somos animais humanos nem escravos perpétuos. Na longa, lenta e triste música da humanidade, ele certa vez fez soar uma nota nobre e inglesa que alguns de nós tiveram a bênção de ouvir e lembrar.

Então, escada acima e, diante de nós, vemos a porta aberta por onde as multidões passam em fila e imediatamente se dispersam, absorvidas pelo fluxo da Londres cotidiana. Mas: instintivamente, no alto da escada, cada um de nós se volta, por um momento. Escrevo "nós" porque, pela primeira e única vez, senti que posso escrever isso sinceramente: por não ser inglês, minha tristeza era diferente da deles, mas nesse momento — esse momento muito individual, visto que não há, curiosamente, nem um pingo de reação psíquica de massa nesse voltar-se para trás — estamos totalmente unidos. De novo a essa elevada, as velas ardendo, os quatro guardas cerimoniais e a bandeira cobrindo o caixão, tudo brilhando tenuemente na luz fraca que entra pela ampla janela, com os pequenos e reconstituídos vitrais desinteressantes. Talvez não seja a cena que é inesquecível: é a ocasião. Adeus, Churchill. Adeus, Império britânico. Adeus, pai espiritual. De muitos. Inclusive eu.

30 de janeiro
Sábado

Trinta de janeiro. Pensamentos ao amanhecer. Nesse dia Franklin Roosevelt nasceu em 1882 e Adolf Hitler chegou ao poder na Alemanha, há trinta e dois anos.

Roosevelt e Hitler morreram no mesmo mês, em abril de 1945. Churchill sobreviveu a eles vinte anos. Seu relacionamento com Roosevelt foi complexo: uma mistura de afeição genuína (por parte de Churchill, sim), um firme reconhecimento das obrigações, um senso de lealdade juntamente com o que era uma relutância característica de Churchill em se bater por determinadas coisas. É difícil dizer quais eram as fontes mais profundas da sua incomum deferência para com Roosevelt durante os dois últimos anos da guerra; sua convicção absoluta da necessidade da benevolência americana para com a Grã-Bretanha, juntamente com uma certa fadiga, influenciaram nisso. Roosevelt, por sua vez, era a personalidade mais limitada dos dois — não devido ao "jovial aristocratismo" americano que às vezes lhe transparecia no rosto (disso Churchill gostava), mas devido a um certo constrangimento em relação a Churchill (e em relação à Grã-Bretanha, à Europa, à história) — um misto de sentimentos de inferioridade e de superioridade, os subprodutos de uma atitude intelectual rooseveltiana que professava considerar o século XX o Século dos Estados Unidos e do Homem Comum: nesses termos, Churchill era um esplêndido tóri, uma figura quase dickensiana. Esse foi o mesmo tipo de miopia americana que levou Oliver Wendell Holmes a julgar Harold Laski como o cérebro mais notável da Inglaterra. Contudo, pelo menos em 1940, o coração de Roosevelt estava no lugar certo. Daí também a permanente gratidão de Churchill.

Muito se tem escrito sobre a relação de amor e ódio por parte de Hitler para com a Inglaterra. Na realidade, esse tema é exagerado. Esse gênio maligno, capaz de grandes lampejos instintivos de percepção ao lidar com algumas das forças motrizes de diversas características nacionais, nunca compreendeu os ingleses e menos ainda compreendeu Churchill. Ele não compreendeu que, por trás do Até Aqui E Nada Além, havia algo mais do que um pragmatismo obstinado; não conseguiu compreender as origens românticas do sentimentalismo inglês; confundiu a valentia de Churchill com mera bravata; a combinação peculiar de determinação e displicência de Churchill foi uma das poucas coisas que permaneceram muito além do alcance da mente impetuosa e enérgica de Hitler.

Churchill e Hitler foram, seja como for, os dois protagonistas da fase dramática da última guerra, ainda que Roosevelt e Stálin tenham desempenhado os papéis decisivos na fase épica, no fim.

Um rapaz teria dito ontem: "Esperemos que Hitler possa entender isso agora."

Mas as multidões não são grandes. Quatro, cinco fileiras no máximo. E como estão silenciosas. Acordamos cedo, em um amanhecer escuro, nos vestimos e caminhamos até Gloucester Road. As ruas têm uma atmosfera sossegada de domingo. Alguns cartazes educados informando aos motoristas que algumas das pontes do Tâmisa ficarão fechadas, devido ao funeral. Mas o metrô está funcionando — o metrô, com seus assentos de plush da cor de bolo de uvas, com seu cheiro peculiar de carvão e chocolate. Na estação de Westminster, subimos à superfície, caindo nas garras da enorme multidão — e extremamente silenciosa, mais de uma hora antes da saída prevista do cortejo do New Palace Yard.

Li posteriormente e ouvi comentários, no avião de volta a Paris, de um famoso repórter americano, de que o que o impressionara era o orgulho da multidão, que esse era um dia de grande orgulho íntimo, que nessa semana o povo da Inglaterra se recompusera e exibira uma face orgulhosa ao mundo, no seu luto. Não foi isso que eu vi. Talvez certos estrangeiros, repórteres de televisão americanos sentissem isso, devido a algumas das suas idéias preconcebidas; mas estrangeiros, e em especial americanos (isso é estranho), tendem a confundir a reserva inglesa com uma espécie de arrogância, em vez de entender o que ela é: a timidez intrínseca desse povo. Vi menos orgulho do que uma espécie de resignação disciplinada e tristeza respeitosa: uma tristeza repleta da recordação do passado para aqueles que tinham lembranças de 1940; e, para os jovens, repleta de um respeito estranho e vago, quase medieval, por uma figura distante e lendária, alguém afastado até da geração dos seus pais, alguém com verdadeira autoridade, alguém que podiam respeitar... Isso foi estranho. Os jornais também observaram: o grande número de jovens nas multidões, jovens bárbaros de cabelo comprido e rosto triste, em busca de algo, com os seus estranhos olhos lacrimosos.

Quanto aos outros, amor-próprio mais do que orgulho, e um amor-próprio matizado com a sensação do tempo que passa. Havia nisso um tênue fio de percepção resignada de que para *essa* Inglaterra, na situação atual, a geração de Churchill era velha demais, que ele foi o homem certo na hora certa, mas não para o presente cinzento, difícil e técnico. Não creio que haja muitos ingleses, inclusive conservadores, que encarem a eleição de julho de 1945 que tirou Churchill do poder como uma espécie de desgraça nacional. Eles têm um sentimento instintivo de que ele era mais certo para a guerra do que para o período pós-guerra. (E isso é verdade, de certo modo: com todos os seus grandes dons, com sua grande compreensão da história mundial, sua grande perspicácia para movimentos, ligações, correspondências, tendências, Churchill não era um bom diplomata — especialmente quando se tratava de lidar com os americanos...)

Uma geração Churchill: na realidade, isso não existiu. Eden, Beaverbrook, Macmillan, Duff Cooper... Duff Cooper estava próximo de Churchill em espírito, porém nunca ocupou mais do que uma posição secundária. O choque que domina toda a Inglaterra nesse momento é ver Macmillan, Eden, Attlee dentre os que carregam o féretro. Como parecem infinitamente velhos! Attlee está duplamente encurvado. Ele tem de sentar-se no vento frio, com um grande sobretudo preto, protegido cuidadosamente por um alto oficial da Guarda Real. Depois, por um momento, Eden — também infinitamente velho, infinitamente cansado — curva-se sobre Attlee com uma espécie de grande solicitude. Isso mostra como estamos agora distantes dos Dias de Churchill, da época da caricatura de Low, em maio de 1940, "Estamos todos com você, Winston!" — Attlee, Bevin, Morrison, Greenwood, todos eles arregaçando as mangas e marchando em uma larga fila atrás de Churchill. Low desenhou-os (como me lembro bem daquela caricatura) com um traje um tanto prosaico; eles pareciam representantes sindicais ingleses com roupas domingueiras. Mas eles eram, naquele momento, a última e melhor esperança digna de confiança, os representantes sindicais da civilização européia.

Os pilotos da RAF escoltando o caixão. "Nunca no campo do conflito humano tantos deveram tanto a tão poucos." Isso foi, até certo ponto, um exagero de Churchill. (A sua retórica de 1940 nem sempre era exagerada, o trecho "Nós lutaremos nas ruas", por exemplo: existem testemunhas a quem ele dissera em maio que, se os alemães desembarcassem e investissem contra Londres, ele iria com um fuzil para a guarita, na extremidade de Downing Street, e atiraria neles até o fim.) A batalha da Inglaterra teria sido vencida sem o apoio americano? Não me refiro ao apoio material, que naquela hora não era decisivo. Refiro-me ao conhecimento, por parte de Churchill, do povo da Inglaterra e do mundo, de que os Estados Unidos estavam se afastando da neutralidade, e para o lado deles. E os números anunciados em 1940 *eram* exagerados. "Você sempre pode levar um deles consigo": os pilotos da RAF *de fato* levaram mais de um deles, porém não cinco ou seis. A contagem foi um pouco menor do que dois para um. Ainda assim, foi apropriado fazer com que os oficiais das esquadrilhas de caça de 1940 formassem a primeira escolta. Eles são agora avôs, na maioria: oficiais de instrução ligeiramente obesos, em pacíficos postos de comando. Não é difícil imaginar-lhes as casas de subúrbio, os hábitos, as famílias. Nos rostos, eles não têm nada das marcas dos heróis de Valhalla. Em 1940 apenas cumpriram o seu dever, diriam eles. Agora também.

O oficial polonês. Ele está na multidão, com o seu rosto eslavo e enrugado, um deselegante terno preto, usando as fitas de suas medalhas. Assim, também esse homem veio prestar a sua homenagem. Durante muito tempo os poloneses exilados guardaram rancor de Churchill. Tiveram razão para isso. Desde o princípio, Churchill julgou necessário transigir com Stálin. Ele queria deixar os russos ficarem com a parte leste da Polônia até a Linha Curzon (ou melhor, Linha Lloyd George), em troca de uma concordância russa com um governo polonês simpático aos russos, mas livre. Nisso ele fracassou: no fim, Stálin conseguiu tanto a fronteira quanto o governo que desejava, uma grande Ucrânia Soviética e um regime comunista subserviente em Varsóvia. Em Ialta, Churchill igualmente se bateu pela causa da Polônia e perdeu (ele ganhou quanto à França, em vez disso). Depois de perder, não se abalou e foi adiante em defesa de Ialta na Câmara dos Comuns. Como devem ter sido penosos para os corajosos exilados poloneses, com o seu grande exército ferido, esses meses na arruinada paisagem de Londres em 1945! Durante seis anos, eles haviam lutado e derramado o seu sangue em três continentes e, no fim, foram abandonados: numerosos exércitos russos instalados para sempre na terrível paisagem do seu devastado país, e com a aquiescência de Churchill. (Os exilados iugoslavos tiveram pior sorte: Churchill colocara as suas fichas no bandoleiro Tito bem antes do fim da guerra.)

Ao homenagear Churchill, um jornal democrata-cristão alemão de Bonn escreveu, dentre outras coisas, que ele foi não obstante responsável pela divisão da Europa, ao permitir que Stálin avançasse muito até o centro do continente. No entanto, isso é totalmente errado. Churchill tentou salvar o que podia. Pelo menos a sua idéia básica estava correta, como estava de fato em 1915, no caso de Dardanelos, ainda que não conseguisse colocá-la em prática — em 1915, por causa do governo britânico; em 1943-45, por causa da desconfiança do governo americano. Churchill sabia que havia um preço a ser pago na Europa oriental pela contribuição russa para a derrota da Alemanha; além disso, conhecia os russos melhor do que Roosevelt e sabia que esse preço devia ser fixado de antemão, pois com os russos não bastavam adiamentos de coisas desagradáveis nem vagas declarações de boa vontade. Ele estava mais preocupado com os destinos trágicos da Polônia do que Roosevelt, que estava, na pior das hipóteses, preocupado com os seus eleitores polono-americanos, e Hull, que alegava indignação moral ao se recusar a participar de Partilhas Territoriais. E quando em outubro de 1944 Churchill, exasperado com a protelação americana, reuniu-se com Stálin e dividiu com ele, em uma folha de papel, o resto da Europa oriental, só uma pessoa simplória ou um tipo especial de polemista pode enxergar nisso a prova de uma Diplomacia Maquiavélica Tradicional e Pérfida: pois naquela oportunidade, como de fato em outras ocasiões, o que Churchill fez foi tentar salvar o que era possível. E ele conseguiu. Assegurou que os russos não interfeririam na Grécia, que depois salvou de uma tomada comunista. O seu apoio a Tito também deu lucros, de certo modo: contribuiu para que Tito percebesse a sua independência. Sem dúvida, isso o tornou menos dependente de Stálin e ajudou a possibilitar o seu futuro afastamento de Moscou. Mesmo a Polônia continuou a ser uma nação, afinal de contas — longe de ser independente mas, ainda assim, uma nação e um Estado numa época em que Stálin poderia ter feito o que desejasse naquela parte da Europa: ele não incorporou a Polônia à Rússia, afinal.

Nesse sentido, Churchill também era um grande europeu. Mas como devem ter sido amargos e infelizes esses anos de exílio para homens e mulheres como este polonês ossudo e inexpressivo, sozinho já há mais de duas décadas nessa Londres cinzenta e impassível! No entanto, ele está aqui, nessa rua gélida, em silêncio e imperturbável. Quais devem ser os pensamentos e as lembranças que ardem lentamente naquela cabeça enrugada e esgotada pela guerra! E quando leio no jornal, no dia seguinte, que a Polônia (quer dizer, a Polônia comunista) foi a única nação da Europa oriental representada por um ministro do governo e que ele se sentou na catedral de são Paulo entre os convidados oficiais, como os velhos líderes da reserva do exército nacional polonês, Anders e Bór-Komorowski, achei que isso era tão-somente adequado e justo e que, ao enviar os convites a esses homens, os britânicos tinham, instintivamente, feito de novo a coisa certa (e não apenas o que era devido).

Os monarcas do noroeste da Europa. Olavo da Noruega (rubicundo), Frederico da Dinamarca (afável), Balduíno da Bélgica (ainda parecendo um estudante), João de Luxemburgo (espantosamente parecido com Otto de Habsburgo), rainha Juliana (surpreendentemente pesada). É correto que eles estejam aqui. Há vinte e cinco anos Churchill salvou os seus países.

E, assim, essa é uma triste cerimônia familiar. Eles têm um instintivo laço de memória com Elizabeth, que, como alguns deles, era muito jovem naquela época. Eles sabem o que devem a esse grande cidadão agora morto. O importante não é que todos esses representantes da realeza estejam rendendo sua homenagem junto ao esquife de um estadista. O importante, mais uma vez, é a lembrança de 1940: aquelas noites estonteantes e intensas de maio e junho, luminosas e fatais, daquele ano. Por quatro vezes em seis semanas, o rei Jorge e a rainha dirigiram-se à noite à Estação Victoria, para dar as boas-vindas a monarcas e presidentes da Europa em fuga, com dignidade, solidariedade e solicitude. Os ataques aéreos alemães ainda não haviam começado e o céu em Londres era imensamente azul, ao contrário daquelas nuvens pretas que se elevaram dos incêndios de Bergen, Roterdã, Antuérpia. Nos hotéis de Londres, essas personalidades reais da Europa eram cercadas de delicadeza e cortesia, pelas flores já murchando de uma civilização. Elas vieram para serem assim acolhidas no que seria então sua última casa insular.

São homens e mulheres respeitáveis, esses monarcas constitucionais das pequenas nações democráticas do noroeste da Europa. Por um momento, enquanto ficam parados, alguns pouco à vontade, nos degraus da Catedral de São Paulo, eles são uma família para si mesmos. Representam aquelas regiões do mundo onde ainda há muitos movimentos ativos para um tipo mais antigo de humanitarismo. No mapa de superfície do mundo, eles representam o feixe central de decência, esses monarcas burgueses do noroeste da Europa. Churchill sabia disso: pois era um monarquista não apenas por sentimento, mas por causa do seu profundo entendimento histórico. Em um mundo órfão, esses monarcas são fonte de uma certa força e de uma certa inspiração. Que vivam e reinem por muito tempo! Que a sua presidência sobre as tardes de domingo da Europa ocidental seja prolongada!

Acima deles, destaca-se agora de Gaulle. "O Guardião da França": assim Churchill o viu em junho de 1940. O guardião de uma nova Europa, então? Havia nisso algo de certo. Sua presença é régia: natural, sem a mais leve ostentação. Lá está ele, com o pesado sobretudo do exército francês que não lhe assenta bem, piscando de vez em quando, colocando os óculos, inclinando-se para o príncipe João de Luxemburgo, dizendo algo com um ar que reflete familiaridade e solicitude. Muitas pessoas nessa grande reunião real olham para ele com freqüência. Posteriormente, os jornais de Londres o descrevem com termos de admiração e respeito irrestritos. Muito pouco daquela inquieta antipatia disfarçada com que alguns americanos vêem de Gaulle. Mas, não obstante as discussões entre ambos e a frase do fardo pesado da Cruz de Lorraine, Churchill compreendia e respeitava de Gaulle; no que dizia respeito às concepções de história (e também da natureza humana) de ambos, Churchill e de Gaulle, dois líderes nacionais da direita, tinham mais em comum do que Churchill e Roosevelt. Isso é o que a maioria dos intelectuais não conseguiu entender: que em 1940 os mais verdadeiros antagonistas do hitlerismo eram homens da direita, não da esquerda. Churchill e de Gaulle, cada um representando uma certa espécie soberba de patriotismo, não internacionalismo.

Um grupo desordenado de franceses. Eles, assim como grupos da Dinamarca e de outros lugares, voaram para cá representando a Resistência dos seus países. As bandeiras tricolores da França tremulam vistosamente enquanto o caixão é levado. Essas cores, juntamente com as poucas bandeiras vermelhas com cruzes brancas da Dinamarca, iluminam por um momento os matizes sombrios do cortejo, sob os frios e escurecidos edifícios imperiais de Whitehall. Eles são um grupo desordenado de homens e mulheres, marchando desorganizadamente como em qualquer desfile cívico francês, muitos deles barrigudos, com óculos sem aros: pequenos *fonctionnaires* e *propriétaires* (um velho francês com uma angelical barba branca caminha desajeitadamente, o rosto rosado, agitando uma bandeira enorme).

Os franceses devem muito a Churchill. Infelizmente, não muitos deles reconhecem isso. (De Gaulle reconhece: apesar dos conflitos, desavenças e argumentos arrogantes nas suas *Memórias*, ele de fato escreveu uma frase decisiva afirmando que, sem Churchill, ele e a França Livre não teriam sido nada, nada. "Náufrago da desolação," escreveu ele, "nas praias da Inglaterra, o que eu poderia ter feito sem a ajuda dele?") É curioso que, enquanto em outros lugares da Europa os traidores nacionais e os políticos fascistas eram os germanófilos, na França o partido da rendição, o partido nacionalista, era constituído de anglófobos. A anglofobia, não a germanofilia, era a explicação para o comportamento e as atitudes de Pétain, Laval, Darlan. Eles tiveram razões para desconfiar de Chamberlain; lamentavelmente, desconfiaram ainda mais de Churchill. Aquela proposta extraordinária e imponderada, mas genuína, de uma União Anglo-Francesa, apresentada por Churchill em 16 de junho de 1940, foi uma das declarações mais estranhas da história moderna e da história da Grã-Bretanha. Churchill sempre foi um francófilo. Isso transparece não só nos seus grandes gestos generosos de 1940 (aquela inigualável transmissão radiofônica para a França, em outubro: *Dieu protège la France!*), como na maneira como se bateu pela França e por de Gaulle cinco anos depois, em Ialta, e seis anos antes de 1940, quando discursou na Câmara dos Comuns: "Graças a Deus pelo exército francês!", disse ele. (Ele também reparou no aborrecimento e na incredulidade extremos nos rostos dos parlamentares.) Isso foi mais do que uma escolha política para Churchill. Ele pertencia a uma geração de ingleses aristocratas e refinados que, chegando à maturidade na era eduardina, era, dentre todas as gerações inglesas, a mais conhecedora da história política do continente europeu e a mais profundamente afinada com os encantos e finezas da cultura francesa. Churchill nunca foi propenso a adotar uma opinião filistéia sobre a Europa, nem mesmo quando o continente estava arruinado, quando os governos dos antigos Estados da Europa ocidental haviam se reduzido ao papel de suplicantes maltrapilhos, quando parecia que os Estados Unidos, a Grã-Bretanha e a Rússia governariam o mundo. A repugnância ao radicalismo municipal de Birmingham dos Chamberlains era parte essencial da sua repugnância às inclinações e simpatias germânicas daquele tipo de classe média britânica. (Suas inclinações artísticas refletiam igualmente essas tendências: a falta de interesse pela música, o fato de pintar à maneira dos impressionistas franceses.) Ao contrário de alguns dos seus contemporâneos eduardinos, a francofilia de Churchill era mais do que um gosto adquirido por determinados prazeres suaves e civilizados. Ele admirava imensamente Joana d'Arc e Napoleão, dois dos maiores adversários da Inglaterra. Entendeu um pouco do que D.H. Lawrence certa vez observou, que o Reno era uma fronteira peculiar do espírito europeu. Acreditava na aliança, na necessária aliança, de são Jorge com são Denis e representava aquela efêmera fusão de espírito anglo-francesa que, com elegância e displicência, marcou alguns dos mais elevados níveis de civilização européia no início do século XX.

A família Churchill. Apesar das inclinações aristocráticas (dentre elas a característica de boa linhagem da impaciência: a mais aristocrática e menos proveitosa das suas características), Churchill tinha uma profunda compreensão das virtudes pacientes da vida familiar patrícia, daquele fragmento de civilização burguesa. É preciso conhecer algo da aristocracia inglesa para reconhecer como isso era fora do comum. Assim, a beleza e a dignidade com que essa família caminha atrás do caixão é uma apoteose viva dos ideais pessoais dele. Nem um traço daquele orgulho contrafeito que tornaria a família um centro de atenção. Suicídio, divórcio, degradação, tudo se dissolveu. Não há sinais das devastações da vida, somente a quietude trágica da disciplina no rosto pálido e adornado com jóias de Sarah Churchill. (Ela tem agora cinqüenta anos!) O pai teria ficado apreensivo com ela hoje.

Nesse dia de sábado, o povo britânico chora uma figura do porte de Davi que é sepultada com a pompa e o reconhecimento dignos de um grande patriarca do Antigo Testamento. Por ser sábado, o presidente de Israel não pôde andar de carro; ele teve de caminhar até a Catedral de São Paulo.

Isso é também adequado à ocasião. Os dirigentes do Estado de Israel caminhando, pequenos e solenes, para o funeral de Churchill. Enormes são as dívidas que o povo de Israel teve, ainda tem, para com Churchill. Não estou pensando no apoio que ele deu ao Estado judeu, que remonta a muito tempo. É, totalmente, uma dívida unilateral. Ao contrário de Roosevelt, Churchill devia pouco ao apoio político judeu. Ele tinha poucos interesses particulares em apoiar Israel; ele era um novo rei Ciro sem uma Ester. Ele enxergou o mal encarnado em Hitler de pronto, imediatamente. Então ergueu-se como um herói mitológico, mais alto naqueles meses de 1940 quando o futuro da decência humana estava em jogo, e quando o povo judeu e a cristandade estavam do mesmo lado, que era o lado encarnado por ele, que era o lado dele. É por esse motivo que nenhum intelectual judeu jamais deveria chamar Churchill de "um esplêndido anacronismo"; é por esse motivo que todo católico consciencioso devia prestar homenagem a esse inglês que, em um momento supremo, enxergou o mal com ainda mais nitidez do que o papa.

O cortejo chegou ao Tâmisa.

Somos informados de que é o fim do funeral oficial e que, daqui em diante, a marcha privada do enterro diz respeito à família Churchill. Na realidade, não há fronteira entre as duas porções do cortejo. Mas a marcha está se diluindo. As multidões são menos numerosas. Nas pontes, fechadas ao tráfego, elas não têm mais de três fileiras e algumas sairão correndo pela extensão da ponte, para acompanhar o curso das lanchas nas águas.

E é devido à dissolução do cortejo real na City que, de algum modo, o funeral fica mais triste e mais pungente. Ouve-se o gemido das gaitas de foles, entoando um lamento fúnebre pelo rio gelado, mas o efeito agora é apenas aleatório. Há algo muito triste no aspecto desse rio e na lancha pequena e simples que levará o caixão de Churchill rio acima. Dizem que ele próprio, nas instruções que deixou para o funeral, quis que o caixão fosse conduzido pelo Tâmisa acima, como foi o de Nelson. Mas como o Tâmisa de agora é diferente do da época de Nelson, ou mesmo de Wellington! Há duzentos anos, o próprio Canaletto pintou-o e admirou-o, quando ele era um grande rio verde, amplo e rico como o império, com jardins e férteis terraços nas margens. Agora é uma corrente cinza e estreitada, com apenas tênues lembranças do oceano cujas marés espumosas se lançam terra adentro em noites escuras; a outrora valiosa frota do porto de Londres fica dispersa e mais rio abaixo. Um navio de guerra, mesmo um contratorpedeiro, já não poderia subir o rio para buscar Churchill. A *Havengore* é uma lancha usada para trabalhos hidrográficos pela administração do porto de Londres.

Velozmente, ela desliza pelo rio frio e estreitado acima, confinado por armazéns, barcaças e guindastes. E, como é pequena, o caixão coberto e agora protegido por aquela bandeira grande e encantadora fica visível para todos.

O trem. Em um automóvel preto, simplesmente, o caixão é conduzido ao trem. As multidões são agora dispersas; mas, ainda assim, aquele silêncio imenso, por toda Londres.

Até aqui, tudo que se relaciona com a organização do funeral foi imponente e apropriado; agora se tornou apropriado em um sentido familiar. O silêncio do meio-dia do grande saguão de ferro da ferrovia, por exemplo. Estação Waterloo. Aquele silvo firme e contínuo, peculiarmente inglês, da locomotiva a vapor. Na extremidade oposta da estação, outros trens estão parados e as pessoas em movimento, o tráfego habitual de sábado da Estrada de Ferro Britânica.

O trem é apropriado: reaviva as lembranças eduardinas, o gosto patrício inglês pelo conforto da época de Churchill: aqueles vagões Pullman britânicos cor de manteiga e chocolate, inclusive o bagageiro em que a Guarda Real Irlandesa colocará o caixão, pintado de creme e marrom; inclusive o breve vislumbre das mesas, com toalhas brancas e pequenas luminárias franjadas de amarelo, em um vagão-restaurante para a família; inclusive a sólida locomotiva. No cortejo ocorre agora a sensação dos pequenos transtornos de uma reunião familiar: o garçom do Pullman, postado de forma respeitosa mas pouco à vontade na jaqueta curta e branca, o nervosismo do agente ferroviário que consulta demais o relógio porque, pela primeira vez, esse horário controlado com perfeição está um ou dois minutos atrasado.

Em seguida — e como isso é apropriado —, a locomotiva soa duas vezes. O som do apito é, ao mesmo tempo, melancólico e estridente. O silvo regular das válvulas a vapor permanece o mesmo; não há nenhum resfolegar dramático enquanto o trem ganha velocidade e desliza da estação de ferro para a luz fraca do sol da tarde de sábado no oeste.

Em um minuto, o ronco surdo se extingue; a extremidade do último vagão some; então, pela primeira vez, estamos face a face com o vazio da tarde.

Naquela tarde e no anoitecer, caminhei pelas ruas e praças dessa grande cidade.

Tudo retomava o seu curso: os teatros, cinemas e lojas estavam abertos, as partidas de futebol eram disputadas e havia corrida nos parques molhados, as multidões enchiam as ruas, mas a sensação de silêncio permanecia. Não captei nada daquela íntima e disfarçada expansão de alívio que tantas vezes se segue a funerais e outras ocasiões de cerimônia. Tenho certeza de que nesse dia houve poucas reuniões nas casas aristocráticas; que, em vez disso, ao mesmo tempo, o silêncio interior era algo opressivo.

Havia agora, em Londres, um pouco daquele nevoeiro amarelo que, no frio, faz com que nos lembremos do que sabemos sobre o século XIX: da Londres imperial com as grandes pedras romanas do calçamento, os cortejos negros de milhares de táxis e as grandes aglomerações de pessoas nas sombras frias dos edifícios clássicos de pedra, construídos por uma raça imperial. Esse anoitecer escuro e luminoso de Londres estava mais próximo de, digamos, 1875 do que de 1935. Agora a cidade estava cheia, mais cheia do que um século antes, no entanto havia um sentimento de vazio, ou melhor, um vazio de sentimento: algo desaparecera do espírito desses edifícios imperiais. Trafalgar Square estava vivamente iluminada, mas não eram a Coluna de Nelson e os leões que eram estranhos; era o Arco do Almirantado, essa construção eduardina simétrica com a orgulhosa inscrição latina talhada, grande e funda, sobre as pistas fervilhantes: ele parecia agora antigo e vazio.

Foi por causa de Churchill que o terrível vaticínio de Macaulay* ainda não se realiza, que turistas vindos da Nova Zelândia e postados sobre a Ponte de Londres podem contemplar uma grande metrópole viva e não meramente algumas construções destrudas. Londres ergueu-se de suas ruínas parciais e os monumentos imperiais, iluminados por projetores e pelos letreiros sobrenaturais dos cinemas, ainda resistem. Mas era uma multidão a esmo que rodopiava entre eles nesse anoitecer silencioso.

Nesse meio tempo, comi um sanduíche em um local chamado "Bocó" [*Wimpy*]. A garçonete, com um uniforme marrom bocó, era bem inglesa, com o rosto parecido com o de um esquilo, a timidez e a incompetência adolescente. Pensei nos gerentes de publicidade com caras gordas e nos bandos de relações-públicas que determinam nomes como Bocó, que espalham o cheeseburger por toda a Grã-Bretanha, e o produto final do seu turbilhão publicitário americano é um bocó britânico medíocre.

---

* Lorde Macaulay (Thomas Babington, 1800-1859) "vaticinou" em 1840 que um dia "algum viajante da Nova Zelândia, em meio a uma vasta solidão, se postaria sobre um arco quebrado da Ponte de Londres para desenhar as ruínas [da Catedral] de São Paulo". (N.T.)

Entra um homem, na faixa dos quarenta anos e de óculos, com um bigode cinza-amarelado e a boca caída, entre um cachecol de lã e o rosto maduro e cansado. Ele talvez tivesse sido professor em uma escola pobre em Midlands. Ele examinou por algum tempo o cardápio de plástico. Em seguida, disse à garçonete: "Um bocó, por favor." Enquanto dizia isso, passou-lhe pelo rosto uma sombra de embaraço, um frêmito de perturbação resignada. Achei que eu tivesse detectado um pouco da mesma coisa também no rosto pálido, de resto quase inexpressivo, da pequena garçonete. *Esse* embaraço eles compartilhavam. Rodeado por bocós, pela sujeira metálica barata de pratos de plástico e pelas revistas de sexo, no meio desse vasto processo de liquefação rala, aquele frêmito de embaraço era um tênue sinal da resistência atávica da raça: um tênue sinal, mas não obstante um sinal — um brilho fraco, mas ainda assim um brilho do antigo fogo, de uma espécie de brasa sob as cinzas.

31 de janeiro
Domingo

Os jornais de domingo. No sossego da manhã, os jornais de domingo. (Todo o tédio na civilização das grandes cidades anglófonas no século XX acha-se latente nessas três palavras e nas suas associações: jornais de domingo.)

Os longos relatos do funeral de ontem e as excelentes fotografias estão ali mas, de forma um tanto surpreendente, os artigos não são muito bons. Há lapsos mesmo nos detalhes evocativos — um dos jovens editorialistas dizendo, por exemplo, que, quando a lancha se afastou do cais da Ponte da Torre, "uma banda atacou estrepitosamente a melodia que era uma última 'fanfarronice' ligada a Churchill: 'Rule Britannia'". Como isso é incorreto, o estrépito em vez do lamento abafado por toda a longa extensão aquática, e a "última fanfarronice ligada a Churchill", como se não tivesse sido algo infinitamente diferente e melancólico. Há igualmente coisas como o artigo do diretor de Estudos Ingleses (na realidade, um sempre disposto intelectual de Nova York) no Churchill College (na realidade, uma intituição de lorde Snow), que conclui com uma verdadeira frase da indústria publicitária americana: "Recebendo os meios, o Churchill College pode fazer a sua parte do empolgante serviço."

Ao longo da semana, os articulistas captaram muitos dos fragmentos e um pouco da atmosfera do acontecimento, mas as reminiscências têm então uma curiosa espécie de fadiga nervosa. Os mais inteligentes dentre os comentaristas escrevem que esse funeral foi de fato uma ocasião orgulhosa e cerimonial, mas a última ocasião para algo que é irrevogavelmente passado, a última vez em que Londres foi a capital do mundo — visto que, depois dessa última homenagem solene às glórias de um passado imperial britânico, os corriqueiros dias úteis de uma Inglaterra modesta e reduzida começam mais uma vez. Isso pode ser verdade, mas não explica totalmente esse leve embaraço nos panegíricos de alguns dos autores mais jovens e mais perceptivos. Creio que conheço as origens desse embaraço de sentimento: é a consciência, especialmente daqueles que cresceram nos anos pós-guerra, de que a vitória de Churchill na Segunda Guerra Mundial foi, afinal de contas, uma vitória medíocre.

Isso pode ser igualmente verdade. Mas esse reconhecimento intelectual, incomodamente à espreita sob as impressões imediatas da ocasião, não está de fato em conflito, por exceção, com os sentimentos das pessoas: o senso de gratidão desse povo impassível da Inglaterra que está incontaminado por nostalgia ou autocomiseração, porque tem pouco a ver com a glória da vitória. É a sensação de que *Churchill os salvou da derrota* mais do que a consciência de que ele conduziu a Grã-Bretanha à vitória. Isso, creio eu, é o que explica a ausência de qualquer parcela de xenofobia nostálgica entre as pessoas — as quais, ainda mais do que os jornalistas, os estadistas e, claro, os intelectuais, podem ter íntima certeza do quanto a Inglaterra esteve próxima da calamidade em 1940.

Agora isso parece ser bastante óbvio, mas poucas pessoas, creio eu, compreendem os seus presságios históricos.

Para a maioria das pessoas, na Inglaterra assim como no exterior, a década de 1930 é, em retrospecto, algo como um episódio um tanto inacreditável, uma era de estupidez filistéia. A geração mais velha que a atravessou não está inclinada a analisá-la de forma minuciosa, em parte devido ao feliz hábito mental britânico de considerar que "o que passou passou", em parte devido à menos auspiciosa relutância britânica de encarar determinadas verdades desagradáveis. Para a geração mais jovem, é ainda mais um exemplo da miopia das classes governantes daquele período. A conseqüência dessas convicções é que Churchill apareceu, em uma época de grande aflição, para harmonizar o espírito da Inglaterra com a sua condição normal.

Mas foi realmente assim? Quando se considera a involução da Grã-Bretanha durante o meio século passado, tem-se a impressão de que a lassidão é que era a condição normal, nos anos vinte e trinta, e também nos anos cinqüenta e sessenta. As Leis Bonar assim como as Leis Lansburys, os generais estúpidos de 1917 e os tolos do Voto da Paz de 1935, o espírito de Harold Laski assim como as Grandes Idéias de lorde Snow, o que eles tiveram, o que eles têm, em comum com Churchill? Numa das poucas frases felizes dentre os comentários posteriores ao funeral, a sra. Rebecca West escreveu que se lembra de Churchill na década de 1920 resplandecente de vitalidade, como se esta tivesse sido derramada sobre ele com um balde. Isso numa época em que o espírito da Inglaterra começara a cheirar a chocolate aguado.

Isso não significa que Churchill estivesse completamente isolado, absolutamente sozinho: ele estava em assintonia com o *Times*, estava em assintonia com "os tempos" (o que quer que isso seja), porém havia algo mais — ele sabia que podia levar consigo um povo inteiro, em 1940. Essa foi uma das grandes diferenças, naquela época, entre Churchill e de Gaulle. Mas mesmo isso não significa que 1940 tenha representado a Inglaterra na sua condição normal. E as pessoas sabem disso melhor do que os intelectuais. Daí o seu profundo e emocionado pesar. Elas sabem como assomou, em 1940, a possibilidade de algo que é ainda indizível e talvez inconcebível: que a Inglaterra, apesar da situação insular, apesar das riquezas do então Império, apesar do auxílio dos Estados Unidos, podia de fato ter sucumbido ante a forte e decidida Alemanha, porque a Inglaterra já então se achava na parte final de um longo período de lassidão e de abdicação, porque no espírito da Inglaterra, então como agora, a vitalidade das aspirações bruxuleava muito fraca.

Para a geração atual, parece inconcebível que Hitler pudesse de algum modo ter vencido a guerra. Para os intelectuais, ele representa um episódio estranho e talvez fascinante, bárbaro e reacionário, de uma loucura temporária indo contra a vasta corrente do século XX, contra a longa e vasta história do progresso mecânico. A Inglaterra, juntamente com os Estados Unidos, a União Soviética e as Forças Progressistas do mundo, estava fadada a derrotar o fascismo: estadistas tolos e estúpidos e interesses egoístas levaram-na para junto de grandes calamidades dolorosas, ao que Churchill, que apenas fez em grande estilo o que tinha de ser feito de qualquer jeito, restabeleceu o equilíbrio da razão e da virtude democrática com palavras e gestos shakesperianos; esse era o seu papel; isso foi tudo. Mas não foi assim, de jeito nenhum. As pessoas ainda não sabem como Hitler e suas coortes chegaram perto de vencer a guerra em 1940. Alguns homens e mulheres que são mais atentos aos movimentos e sentimentos de vastas massas na Europa sabem disso melhor do que os intelectuais, inclusive certos historiadores profissionais; e a gente comum da Inglaterra que viveu durante a guerra também percebe isso melhor.

Eles podiam ter sido derrotados. A sua história insular teria chegado ao fim. O seu amor-próprio teria desaparecido definitivamente. Churchill salvou-os desse destino, e, ao fazê-lo, havia recorrido para elas. É uma prova da decência e do bom senso do povo inglês que não estivesse, e não esteja agora, inchado de orgulho ao lembrar aqueles dias, e que o silêncio que imperou sobre o funeral de Churchill reflita o seu agora profundo sentimento de silenciosa gratidão a ele por ter feito isso.

Vários dos homens que agora escrevem sobre a vida de Churchill dizem que ele esteve na sua melhor forma, de máxima coragem, quando estava sozinho na década de 1930, a solitária Cassandra política, a trombeta de alarme, a voz no deserto. Essa é uma proposição discutível. Churchill, embora parte de uma minoria reduzida, não estava inteiramente sozinho na década de 1930. Tinha a seu dispor algumas colunas de jornal e há, seja como for, uma diferença entre se dizer o que se pensa quando não se ocupa cargo oficial algum e entre conduzir uma nação parcialmente armada, impelida pelo instinto, em um caminho orgulhoso de desafio diante da forte possibilidade do desastre. E: é de fato verdade que Hitler poderia ter sido detido com facilidade em 1938 ou em 1936, na época de Munique ou na época da Renânia? Não tenho tanta certeza disso. É claro que Churchill tinha razão. Mas quem o teria seguido em 1936? Baldwin não. Chamberlain não. Os liberais não. Os trabalhistas não. Os sindicatos não. Os fabianistas não. Os socialistas não. Os pacifistas não. A Frente Popular não. A Comunidade Britânica não. Os americanos não. Roosevelt não. E por quê?

Por quê? Por que eles — um enorme, um heterogêneo *eles* — desconfiavam tanto de Churchill? Com uma desconfiança emocional tanto quanto intelectual, cujos ecos subsistiram com força na Inglaterra até serem abafados pelo fogo de artilharia em pleno verão de 1940 e que viria a se desencadear de novo, no lado oposto do oceano, mais tarde na guerra. *Eles*, todos eles, desconfiavam de Churchill porque não era possível enquadrá-lo em uma categoria. Ele era o tipo de pessoa que as mediocridades instintivamente temem. "Ele não é equilibrado", dizia a respeitabilidade conservadora. "Ele é um reacionário", dizia a intelectualidade progressista. Mas no fundo as origens da desconfiança eram mais ou menos as mesmas. Neville Chamberlain e Eleanor Roosevelt, Harold Laski e Edward Stettinius desconfiavam de Churchill pelos mesmos motivos humanos. Ele não possuía o tipo de inteligência que agrada os supervisores da Universidade de Harvard e os diretores de escolas femininas na Nova Inglaterra. Na época em que começou a deblaterar contra o perigo alemão de Hitler, Churchill foi repudiado não só pelo mutismo imperturbável dos partidários de Baldwin e Chamberlain; foi nessa época que Harold Laski escreveu que Hitler não passava de um instrumento nas mãos do capitalismo alemão, foi nessa época que Alger Hiss era o principal conselheiro da Comissão Nye, que investigava os delitos do militarismo britânico remanescentes da Primeira Guerra Mundial; dez anos depois, o mesmo Hiss iria sentar-se à direita de Roosevelt na mesa de Ialta, com o seu comprido e ávido rosto de quacre, aquela cara de intelectual, calculista, contrafeita e presunçosa.

"Um esplêndido anacronismo", escreveu um intelectual britânico num dos jornais de domingo, tentando reconstituir a sua atitude em relação a Churchill durante a guerra. Quem eram — e quem são — os propagadores de anacronismos, os verdadeiros reacionários? Não eram eles os que acreditavam (e que ainda acreditam) que a história é um processo de vastos desenvolvimentos econômicos? Que vaticinaram que Hitler não poderia empreender a guerra porque, como demonstravam as estatísticas, em poucas semanas ele ficaria sem petróleo ou estanho ou borracha? As mesmas pessoas que julgaram de antemão que o seu governo não duraria em face da Oposição Conjunta da Classe Operária Alemã? Não foi Churchill quem imediatamente compreendeu que Hitler era uma encarnação muito moderna de um mal muito antigo, Churchill que quase sempre sabia de forma intuitiva o que era realmente novo e o que era realmente velho?

Um homem chamado Henry Fairlie escreveu no *Sunday Telegragh*: "O sr. A.J.P. Taylor afirmou, na semana passada, que os historiadores do futuro desconsiderariam por sua conta e risco o contato espiritual que um homem alcançou em 1940 com o resto dos seus compatriotas. ... Se o sr. Taylor não tem receio de falar em 'contato espiritual', não vejo motivo para alguém ter receio de falar em uma visão." "Receio" é adequado. Pelo amor de Deus, por que alguém deveria ter *receio* de admitir a existência de algo que era uma questão de espírito, algo que não era uma questão de "produção", ou de estatística de "opinião"? Isso não é mais o resultado de timidez racial; é uma espécie de deturpado acanhamento da mente. É esse triunfo tardio de Josiah Bounderby, que abateu tanto o espírito da Inglaterra que Churchill teve de vir socorrê-lo quando corria perigo: essa filosofia de Bounderby que, hoje espalhada em nome de Freud e de Marx (como é curioso que ambos estejam sepultados aqui em Londres), circula agora nessa terra?*

---

* Josiah Bounderby: personagem de Charles Dickens (*Tempos difíceis*, 1854) emblemático da hipocrisia e da falsa modéstia. (N.T.)

O que resta então, para a Inglaterra, nesse domingo? O tique nervoso no rosto do homem quando pediu um bocó. A reserva essencial e inextirpável gravada no coração das moças e mulheres da Inglaterra mesmo quando folheiam o mais recente livro ou revista sobre sexo. Essa quietude de domingo.

Ao meio-dia assistimos à missa em uma igreja católica romana na High Street, em Kensington. Não é uma igreja muito graciosa, recuada entre as casas de tijolo marrom. Estava repleta de gente: alguns poloneses e, no banco à frente do nosso, as cabeças graves e solícitas de outros europeus, mas a maioria da congregação era inglesa, ingleses e inglesas infinitamente sérios, com os filhos. Vivendo durante a última fase do episódio protestante, do longo e infeliz capítulo do catolicismo romano na Inglaterra, com as antigas suspeitas e a desconfiança se dissipando, com a reconciliação sendo estabelecida, esses católicos ingleses, talvez melhor do que quaisquer outros católicos no mundo ocidental, sabem o que significa ser cristão em uma terra pós-cristã.

Nesse povo que anunciou a idade moderna existe ainda um traço místico, quase medieval, um traço que tem sido parte essencial do seu protestantismo, do seu puritanismo, da sua Revolução Industrial, do socialismo inglês. Está lá nesse traço vivo de catolicismo inglês que, no século XX — paradoxo curioso na história espiritual da Inglaterra —, tornou-se uma das mais fortes correntes ocultas de um peculiar modo de ser inglês. Ser perseguido pelo céu era uma forma de expressá-lo — mas não foram só os Gerards Manleys Hopkinses que sentiram isso. Mesmo Aleister Crowley. Ou Malcolm Muggeridge. Perseguido pela percepção de Satã ou de Deus de uma forma pós-moderna, nova e velha, preocupado, ao contrário de muitos outros povos da civilização ocidental, com a realidade obsedante do tema de onde viemos e para onde vamos. Mesmo agora.

Em seguida, o almoço em uma casa inglesa; ficamos por algum tempo ali, amistosamente; depois disso, o vento frio açoitando os jornais rasgados nos vãos das portas; pela tarde fosca de domingo e pelas ruas largas até a torre de aço do terminal aéreo, com dizeres em muitas línguas. Em um avião estrangeiro, subimos até o céu de inverno ao anoitecer.

No avião quente e tórpido, de novo os jornais de domingo. *O nome dele. Churchill.* Como o próprio som e a forma do nome se ajustavam a ele! Rabugento, aristocrático, sardento devido ao sol. O som arredondado e vigoroso da primeira sílaba, produzido com os lábios enroscando-se para falar exatamente como os dele, o ar enchendo as bochechas de um menino do século XVII com um som jovem e clerical. A rabugice torna-o humano e jocoso, em vez de clerical (mas, por outro lado, o som da palavra inglesa *church* é tão mais atraente, mais arredondado, do que o gótico gutural forte de *Kirche*, do que o frio *église* da lei romana, do que o celta áspero e surdo *kell*). A rabugice se dissolve, de forma afável, na segunda sílaba. Essa sílaba final nada tem de indiferente. É curta, lustrosa, até brilhante, aquele som primaveril de um córrego. O som do nome completo é tanto sério quanto jocoso: tem um encanto viril, é como as fontes barrocas de Blenheim. (Inglês mais do que britânico; um nome inglês cujo portador está agora sepultado em solo inglês; solo inglês com camadas romanas, saxãs e normandas; um inglês que tinha uma noção ampla, romântica e exagerada do modo de ser britânico, talvez precisamente porque não fosse escocês nem galês.) O feitio do nome também, como o feitio da sua compleição: compacta, ligeiramente corpulenta, mas com o bruxuleio de uma jóia solitária, vistosa. A segunda parte aflautada e cilíndrica conferindo forma clara ao arredondado da primeira. Usando o chapéu preto de 1940, ele parecia de vez em quando aquela cúpula da Catedral de São Paulo. Churchill. Churchill.

Este livro foi composto por
TopTextos Edições Gráficas,
em Minion e Book Antiqua,
e impresso por Geográfica
Editora em abril de 2003.